JN062538

くるまで周遊記

日本各地 5年（1974～79年）にわたる
くるま旅 青春の会

著者・絵

川津 茂夫

編集 製作

美術の図書 三好企画

くるまで周遊記
日本各地 5年(1974~79年)にわたる くるま旅
青春の会

目次

能登·北陸·中部
一周の旅
1976年

九州の旅

北海道の旅
1979年

まえがき

この記録は、今から遡ること40年以上前の旅の記録です。

1974年当時、日本社会、経済は高度成長時代後半にさしかかっていました。「日本列島改造論」なるものが政治の中心になった時代。企業優先の政治、経済が横行し、私たち庶民の暮らしはというと貧富の格差が拡大し数多くの要求が渦巻いていました。

この時代の世相をみると、当時はまだ、今日日常に使用している携帯電話なるものは無く、各家庭に設置の「ダイヤル式黒電話」「街中や駅前に設置された公衆電話ボックス」「たばこ屋の店先や銭湯などに設置してあった公衆電話」(10円玉などのコインを入れて通話する赤色やピンク色、緑色したダイヤル式と押ボタン式公衆電話）が通信手段であった。また、現在の様な交通アクセスや利便性も薄く、道路は今日当たり前になっているきめ細かな高速道路網は無く、「東名高速」「名神高速」「山陽自動車道」「中央自動車道」など一部が開通。「東北自動車道」は岩槻・仙台間のみ。鉄道も「東海道新幹線」の東京・名古屋・大阪間、「山陽新幹線」の大阪・岡山間が開通していた。コンビニエンスストアの店舗も少数で個人経営店舗が主流、各地の商店会が賑わった。電子書籍なるものも無く、ネット通販なんてない。書店、古本屋にお世話になったのも数えきれない。

そうした世相、環境を背景に私たち、職場の労働組合活動や労働運動を通じて知り合った仲間たちが、日々の暮らしから少し離れて、日常とは違った「冒険と挑戦」の欲求とともに①社会・世間をもっと知りたい、②日本各地に行ってみたい、③何かを成し遂げてみたい、④沢山の各地の人々と話をしてみたい、などの目的を持っての「日本一周めざした旅」の計画がはじまった。

最初の「東北一周の旅」は発想してから１年、企画してから半年後、当初企画に参加したメンバーもそれぞれが仕事を持ち、働きながらの準備や数回の打ち合わせを行なった。

その後、「東北一周の旅」を皮切りに第２弾「北海道の旅」第３弾「四国一周の旅」、……と続き、第６弾「北海道一周の旅」まで文字通り「日本一周」めざして実行してきました。

このたび、私たちのこの日本一周めざした「旅の記録」を改めて保存しようとするきっかけとなったのは、2019年秋に九州・鹿児島から40年ぶりに上京された方と、数名の旅行メンバーが顔合わせした際に、当時の旅の話題で盛り上がり、その席で各々転居や生活環境の変化から、残念なことに「記録や写真が残っていない」「記憶も薄れてきた」と意見が出され、「当時の旅の記録をもう一度見たい」の要望から、毎回旅に参加し当時記録係りとして担当を任された川津が自費出版で製本化することになりました。

「計画段階の打合せ記録」「皆で書いた日記」「旅行当時の写真」「各地の入場券・記念券」など、お蔵入り資料の掘り起こし、連絡のとれるメンバーへのヒヤリングを行いました。またある時は、とくに初めの「東北一周の旅」の計画資料などは現在のようなコピーではなく「青焼き」と言う感光紙を使ったコピーの為、印刷文字が黒ずんで解読しにくい状態で、とくに手書きで書いた地名、名称などが不鮮明で、それらはネットで調べ、また現地の観光協会や行政に問い合わせるなどで、原文に忠実で正確に表現する努力をしました。

残念なことに第2弾「北海道の旅」第3弾「四国一周の旅」では、「旅の記録・日記・写真」の私的な保管資料に乏しく、計画段階の資料がかろうじて残っていました。この「日本一周の旅」目指して参加されたメンバー19人、延べ人数にして40名となりますが、その後の転居や電話番号が変わるなどで約半数の参加者と連絡が取れず出版を伝える事が出来ていません。

かつてこの旅をしていく中で、ある「ものの本」に、“物語は常に次を創造させる”と記されていたことを思い出した。

つけ加えて、この記録から「こんな旅のやり方も在るのだ！」「こんな仲間たちもいたのだ！」と知っていただければ幸いです。そして何かのお役にたてればもっと嬉しいです。

日本一周めざした車での旅も日本の隅々を巡る完全な一周ではないため、「くるまで周游記」と題し、「日本各地　5年にわたるくるま旅・青春の会」と印しました。

次にこの旅の系譜を記します。

第１弾　東北一周の旅
1974年４月27日（土）～５月５日（日）　９日間　（昭和49年）

第２弾　北海道の旅
1974年７月26日（金）～８月３日（日）　９日間　（昭和49年）

第３弾　四国一周の旅
1975年４月27日（日）～５月５日（月）　９日間　（昭和50年）

第４弾　能登 北陸 中部一周の旅
1976年４月28日（水）～５月５日（水）　８日間　（昭和51年）

第５弾　九州一周の旅
1977年７月29日（金）～８月８日（月）　11日間　（昭和52年）

第６弾　北海道一周の旅
1979年７月28日（土）～８月７日（火）　11日間　（昭和54年）

～日本各地　５年にわたるくるま旅・青春の会～

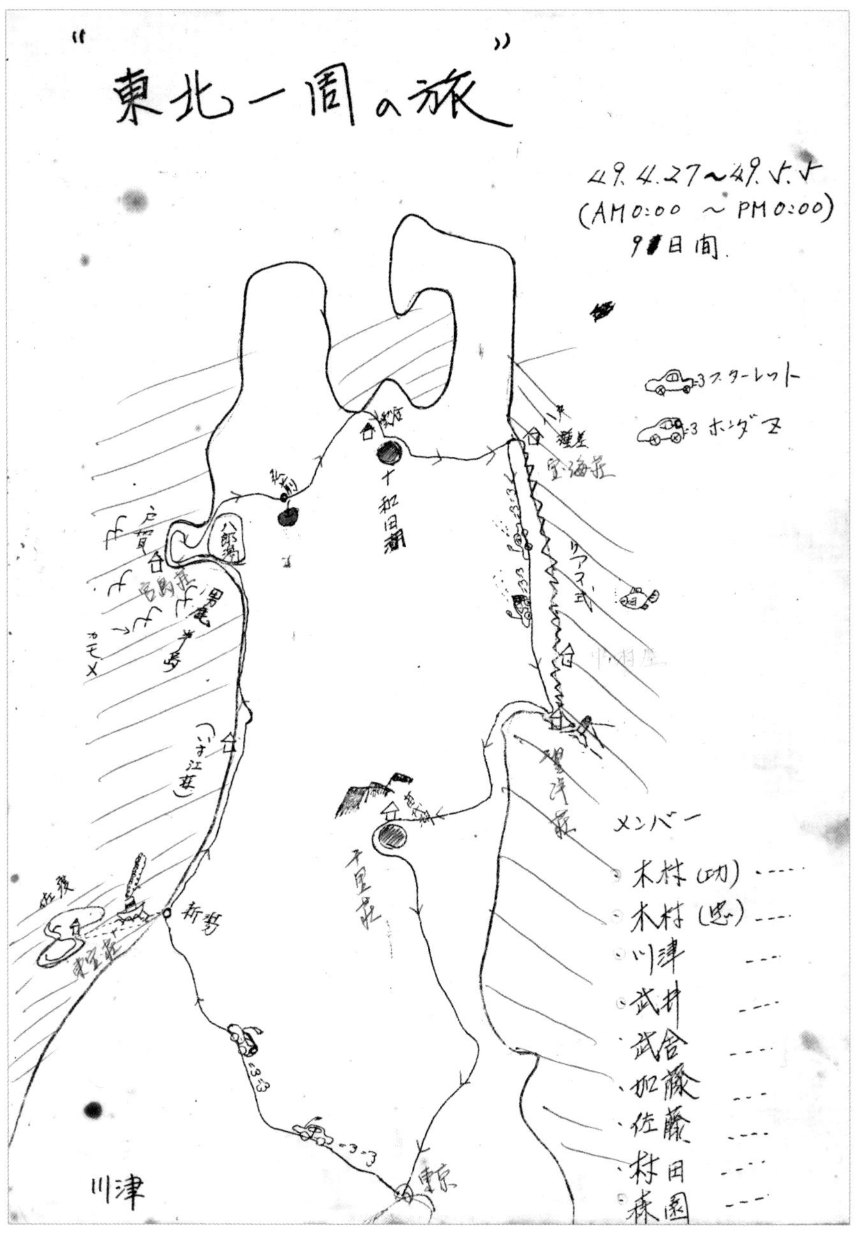
"東北一周の旅"
49.4.27〜49.5.5
(AM0:00 〜 PM0:00)
9日間.
スターレット
ホンダZ
十和田湖
八郎潟
新潟
佐渡
リアス式
東京
メンバー
木村(功)
木村(忠)
川津
武井
武舎
加藤
佐藤
村田
森園
川津

〈東北一周実施にあたって〉

1973年10月28日　東北一周準備会

秋もめっきり深まり、それぞれの職場で働き、生活しているみなさん、毎日お元気に御活躍されていることでしょう。

現在、人間無視、環境破壊の政治や汚れた文化が押し進められているなかで、要約すれば「豊かな人間に成長したい。まんぞくな生活がしたい」だとの要求がうずまいています。

こうしたなかで、自身（みずから）の力で（今まで平凡にすごしていた）連休を利用して、楽しくおもしろく何かやりたいと、車で旅をすることになりました。検討の結果、自然が比較的多い東北を一周することになり、その成功のためにあらゆる見識、資料をもとに進めています。

きびしい生活の中、多忙中とはございますが、下記の内容に賛同される方はぜひとも参加していただき、ともに人生の歴史の１ページにしたいと考え、お誘い御案内致したいと思います。

記

1　目的

イ　参加者全員が文字どおり思いっきり楽しく互いに親睦を深めあう。

ロ　この一周をやりきる中で、自然環境の美しさをあらゆる角度から認識し、その発展のため貢献するとともに、さらに新しいものを発見していきたい。

ハ　参加者一人ひとりが青春の記録にもなるよう行動の中から学び合う。

ニ　安い費用で、安全無事故、協力協同で目的達成のため互いに努力する。

ホ　行動は常に集団で進め、チームワークを密にし連帯して事を進める。

2　資格及び構成

イ　参加者は上記の目的を支持され、楽しみたいと考える人を基準にし、車に酔う人は認められない。(相談を……)

ロ　参加者は特に区別しないが、免許証を持っている方は申し出て下さい。

ハ　参加者全員が、相当に交流できるよう人員の入れかえをしたいと思います。

ニ　目的完遂のため総責任者、コース責任者、会計、衛星救護、食事などの係をきめ、任務を分担する。

3　宿泊

宿泊は基本的には民宿とするが、田舎のある方に協力もしてもらうかもしれません（検討中）。

4　費用

イ　会費制にし、運営は個人負担をなくし（区別）民主的に運営する。

ロ　分割制にし、積みたてる（参加者がきまればすぐ集める）。

ハ　一人１日約2,200円（一人当り民宿1,500円、ガソリン500円、諸雑費200円）。

5　期日

イ　期間としては昭和49年４月28日（日）～５月６日（月）までの正味９日間。

参考　４月28日（日）、29日（月・祭日）、30日（火）、５月１日（水・メーデー）、２日（木）、３日（金・祭日）、４日（土）、５日（日・祭日）、６日（月・祝日、法案から休日）

ロ　９日間の休日がとれない人のために、本人の要望にこたえ、おちあう場所を明らかにし、その場所からでもよい。（相談を）

6　場所

○　略して東北一周。（東関東、東北、上越、北陸（佐渡島）、飛騨、木曽、などをできるだけゆっくり見物できるようにまわる。）

○　コースは上記の場所、つまり各県のみどころ、参加者のいきたいところを考慮してきめる（いきたいところをどしどし出してほしい）。

7　参加車数

現在２台であるが、あと１台～２台は集まる予定。車には例えば５人乗りには４人乗るというように、ゆったりとしていきたい。

8　安全と参加者の健康を守り、楽しくするために最低次のことを実施したい。

○　１日の走行距離は平均200km／日以下。

○　毎日の睡眠時間は８時間とする。

○　その都度、休けいは適切にとり、充分な休みと見物がとれるよう計画する。

以上はおおまかな点ですが、今後計画を具体化していきます。参加者はきまり次第申し込んで下さい。

〈以上〉

第１弾　「東北一周の旅」コース及び日程（案）について

1974年４月１日（月）

４／26（金）　ＰＭ24：00、池袋駅西口出発（夜間走行）
　　　　　　　ＡＭ１：30、清瀬病院で合流（夜間走行）

東京＿150km＿渋川＿国道17号線・21km＿沼田＿109km＿小出＿18km＿小千谷＿15km＿長岡＿国道８号線・25km＿三条＿42km＿新潟＿新潟港＿フェリー（３Ｊ間）片道870円＿両津港（泊）【東京から380km】４／27（土）ＰＭ６：00着（佐渡島到着）

４／28（日）　ＡＭ８：00出発

両津港＿（佐渡島半周約100km）＿両津港＿フェリー（3J間）片道770円＿新潟港＿国道７号線・88km＿新発田＿45km＿村上＿80km＿鶴岡（泊）ＰＭ６：00着【新潟港から213km】

４／29（月）　ＡＭ８：00出発

鶴岡＿21km＿酒田＿67km＿本荘＿40km＿秋田＿４km＿追分＿船川街道＿30km＿男鹿＿大桟橋有料道路　29km＿戸賀（泊）ＰＭ６：00着【鶴岡から191km】

４／30（火）　ＡＭ８：00出発

戸賀＿10km＿野村＿男鹿街道　40km＿八竜＿国道７号線　17km＿能代＿58km＿大舘＿23km＿湯ノ沢＿26km＿弘前＿28km＿五所川原＿小泊道＿34km＿今泉＿17km＿蟹田＿280号線　28km＿青森・雲谷（泊）ＰＭ６：00着【戸賀から281km】

５／１（水）　ＡＭ８：00出発

青森・雲谷＿37km　焼山　パノラマライン　14km＿子ノ口＿十和田湖一周　40km＿子ノ口＿奥入瀬ライン　14km＿焼山＿十和田道　24km＿十和田＿10km＿百石町＿16km＿八戸＿浜街道　15km＿種差（泊）ＰＭ６：

00着【青森・雲谷から170km】

5／2（木） AM8：00出発
種差＿国道45号線 浜街道 50km＿久慈＿31km＿普代＿36km＿中野＿23km＿田老町＿16km＿宮古＿42km＿大槌＿14km＿釜石＿44km＿大船渡＿39km＿気仙沼（泊）PM6：00着【種差から295km】

5／3（金） AM8：00出発
気仙沼＿19km＿津谷＿23km＿志津川＿5km＿折立＿県道 28km＿釜谷＿リアスブルーライン 38km＿女川＿8km＿石巻＿国道45号線 19km＿鳴瀬（泊）PM6：00着【気仙沼から140km】

5／4（土） AM8：00出発
鳴瀬＿25km＿塩釜＿16km＿仙台＿国道4号線 19km＿岩沼＿23km＿白石＿27km＿伊達＿5km＿福島＿国道115号線 48km＿土湯峠＿30km＿猪苗代（泊）PM6：00着【鳴瀬から193km】

5／5（日） AM8：00出発
猪苗代＿国道49号線 17km＿会津若松＿国道121号線 47km＿田島＿76km＿藤原＿鬼怒川温泉（泊）PM6：00着【猪苗代から140km】

5／6（月） AM8：00出発
鬼怒川温泉＿18km＿今市＿国道119号線 28km＿宇都宮＿国道4号線 37km＿小山＿国道4号線 16km＿古河＿国道4号線 28km＿春日部＿国道4号線 11km＿越谷＿国道4号線 8km＿草加＿国道4号線 19km＿東京PM6：00着【鬼怒川温泉から165km】

＊ 実際には、4月27日～5月5日に実施した。

《費用》

○一人、一日当たり3000円

・民宿又は国民宿舎代………1800円

・ガソリン代（最大）………850円

・昼食、その他。……………350円

注（※、この中にできれば写真代・フィルム代なども含めたい））

○ガソリン代詳細（1台あたり）

・走行ℓあたり10km　　1ℓ＝100円

・1日平均300km走行と仮定。　　1日＝30ℓ

・30ℓ×100円／ℓ＝3000円

・1台／3000円×2台=6000円

・6000円÷7名＝857円≒850円

○一人当たり　　3000円×9日間＝27000円

《役割分担》

○総責任者…………………木村（忠）

○コース責任者……………武井、川津

○救護………………………武舎

○食事………………………加藤

○レクリエーション………川津

○財政………………………森園

《持ち物》

［器材］　連帯準備するもの

・救急用具一式、カメラ、歌集、地図類、貴重品バッグ、寝袋、テント、ラジウス（２個）、コッヘル（２個）または飯盒、食器、ギター、カセットテープレコーダー。

［持ち物］

・保険証、洗面具、着替え、雨具、チリ紙、BOOK（読書等）、筆記具、ポケットマネー（無理しない程度）、→出費は基本的に会費からにします。

企画担当者

東北一周の旅

昭和49（1974）年４月27日（土）～５月５日（日）　９日間

メンバー：　加藤裕子、川津茂夫、木村　功、木村忠二、佐藤治代、
武井幸次、武舎（むしゃ）町子、村田、森園一子〔50音順〕
使 用 車：　スターレット、ホンダＺ

カーフェリー時刻表
新潟発　→　両津港（佐渡）　午前　１：00　６：10　９：20
午後　12：30　15：20　18：10　21：00

両津港発　→　新潟　午前　１：00　５：30　９：10
午後　12：30　15：20　18：20　21：30

１冊目

４月26日金曜日　というか……４月27日土曜日午前０時頃に百花寮を出発。
昨夜から車は、新潟に向け走った。

長らく夜を走り、沼田（群馬）をすぎ、上信越高原国立公園の中の三国峠を越えて、二居（ふたい）のトンネルを長く走ると、やがて雪解けでにごった清津川の流れに出た。丁度午前６時、朝日が真正面から照らしてまぶしかった。

空は真っ青、いい天気である。さあ、今日も安全ドライブでスカッ　！　！といこう。

コース
東京 → 戸田 → 与野（ → 浦和）→ 上尾 → 熊谷 → 本庄 → 高崎 → 渋川 → 沼田 → 三国峠 → 湯沢 → 六日町 → 小出町 → 川口町 → 小千谷 → 長岡 → 三条 → 信濃川（三条大橋）→ 白根市 → 中之口川（大野大橋）→ 黒崎町 → 午前10時30分新潟入り。

六日町で休憩。ラジオ体操し、約40分間休憩。７時25分出発。

午前７時50分、奥只見のガソリンスタンドで給油、19.5リットル。午前８

時５分出発。この辺り、１ℓ当りでスターレット14.8km走行。

８時25分、信濃川を左手に雄大な視野を前方にドライバー木村功氏は車を走らす。後席にいる武舎、加藤の両氏はひたすらに本を読んでいた。もうすぐ小千谷市である。ここは左手に信濃川、周囲は新潟の山々に囲まれた静かな町。

８時50分、ねむいので、ちょっとねむらせて！　もうすぐ長岡。

＊　　　　＊

９時50分、目がさめた。すでに**長岡**は過ぎていた。ドライバーもねむたそう。かなり風が強い。カーフェリー欠航かな。今日渡って、明日欠航では、これ非常に困るわ……なんて二人で……。早くドライブイン、又は休憩所こないかなあー。後ろの二人は、読書やめた。ねているじゃん。努力が足らんのや。そやそやー。

午後の12時35分、**新潟港**を離れる。→ 両津。

両津 → 姫崎 → 野浦 → 両津　計434km走行

東宝荘泊、食事があまりおいしくなくて残念。

４月28日　日曜日

午前８時15分、**両津**出発。

9時30分、七浦。

9時40分、夫婦岩で15分休憩。岩に打ち寄せる波の白さがすばらしい。

10時10分、小川、時間がないのでUターンする。

10時20分、大佐渡スカイラインに入る。金山は目の前、急ごう。

10時30分、佐渡金山着。金を探そう。あまり時間がないので、頑張ろう。

11時10分出発。何か見つけたかね。あとは一路両津港。前の車が見えず、探してもいない、どこへ消えたのか。

11時30分、一応両津まで急ごう、あと26km。

11時45分、前の車に逢うことができてよかったね。

12時４分、両津着。86.7 km、11.4km／ℓ。oil入れ、7.3ℓ。

12時13分、両津港着。

12時30分、両津港出発。波もなく快適な船旅であった。

14時30分、新潟港着。

14時50分、船より出る。やっと外のおいしい空気が吸える。木村氏、バックスキンの靴を買う。バレーボールのボールを買う。これで運動不足解消。

15時20分、阿賀野川を渡る。アイスクリームが食べたくなった。前の車にどう伝えるべきか。アイスクリームを食べたら少し涼しくなったみたい。飯豊山が、まだ、多くの雪を抱いている。夏行きたいな。

16時10分、腰が痛くなって来た。まだ、黒川町。

16時20分、**村山**着。

17時、15分休憩。生理的欲求を満たし、運動不足解消にバレーボールをし、波とたわむれた。海はきれいだった。子どもたちが海岸で遊んでいる。

運転は、木村忠二さんに替わる。海岸線に沿っていく。時々でこぼこ道もあるけれど、気持ちが良い。

17時30分、「笹川流れ」に入る。この一帯から先を言うとのこと。つまり海岸美のことでしょう。

18時、今江旅館に電話する。道を通る婦人が覆面をしている、如何であろうか。トンネル工事のおばさん達、ほこり除けと日焼け止め。

18時30分、少しお腹もふくれた。だいぶ薄暗くなってきた。夜のとばりのおり始めの海もまた、いいものです。暗くなるまで、どこか砂浜か岩の上で海をみつめていたいなあ。あと29km。

19時ちょうど、今江旅館着。236.5km。

4月29日　月曜日

あいにくの雨の中、8時45分今江旅館出発 → 鶴岡市 → 三川町 → 酒田 → 最上川 → 23.5km → 新井田川 → 酒田駅。

酒田近くなって、雲が流れ、青空も見えて来ました。酒田駅で山形みやげを買い、その他におやつ、くだものをかいこんで出発。ふたたび、雨が強くなって来た。

酒田 → 吹浦 → 三崎 → 午前11時4分秋田入り → 象潟 → 本荘 → 岩崎 → 新屋 → 秋田。

千秋公園、満開のさくら。東京では見れなかった。桜見がやっと秋田で実現したとか。

秋田 → 追 → 門前 → 有料道路 → 加茂 → 戸賀 → 宮島荘 18時15分着。

日本海の荒波が大きな岩にぶつかり、水しぶきを飛ばし、水鳥はその上を自由に、気持ちよさそうに飛んでいた。木村カメラマンは、　以下空白

4月30日　火曜日

天気快晴、快適なドライブができそう。

7時45分出発 → 8時着、入道崎、8時45分出発 → 9時20分着、寒風山、10時18分出発。

海岸に下りて遊ぶ。奇岩に打ち寄せる波の音としぶきは、　以下空白

*　　*

角間崎。野菜を買う。レモンの味は格別。右手に大潟村が見えまーす。

大館。1時20分－2時18分。大館二番橋。食堂にて鳥めし。

弘前。3時40分－5時35分。迷子一人、だれだ！！　人様に迷惑かけたのは……。俺さがしたんだぜ！　つかれた……。246km。

5月1日　水曜日

メーデー。万国の労働者団結せよ。民主連合政府をつくるため参加者一同がんばろう。

8時15分、雲谷（もや） → 岩木山展望台 → 数メートルの雪の壁の間を走る → ブナの林の間「十和田樹海」という。蔦温泉、かわいい水芭蕉があった。ふきのとうも顔を出していたヨ → 焼山。

12時55分、**十和田湖**勝田屋出発。2名を三沢まで送り、残りは5名。ここで昼食、チャーシュー麺4ヶ、なめこソバ1ヶ、ときた。あまりおいしくない。ここまできて、チャーシュー麺を食べるとは……。でも、いじわるに風が冷たい、天気も悪い、武舎（むしゃ）さんが居なくなったからかなあ――そんなことないと思いながら。さあ、右手に十和田湖、左に山。車は何もいわずに前進。宇樽部（うたるべ）部落を過ぎたのはちょうど1時。

ドライバーの木村功さんは地元にきたってまでいうわ、いろいろと。

13時10分、武舎、加藤両名はいまごろ列車の中。おそらく、二人はさみし

くお菓子でも食べているだろう。十和田湖瞰湖台（KANKODAI）降りたところ寒い。天気がよけりゃ、いい景色なのに……。誰の責任だーっの ！ ！

ここでちょっと前にもどって。

*　　　　　*

焼山、9時30分着。記念写真を最後にここでお別れ。奥入瀬にそって歩いた４名。非常に寒かった。

*　　　　　*

14時35分 → 328.3km　126km　21ℓ入れる。

昨日からの1km当りの走行距離は11km ／ ℓである。乙女の像にむけて５名で歩いた。身ぶるいしながら、悲鳴をあげ、強い風をさえぎり歩いた。２～３分歩いただろうか、すでに５名の奥歯はガタガタしていた。なぜ、今日に限って悪天候で寒いのだろう……今までよかったのにー。

和井内貞行（十和田湖開発の先駆者）の出生地にある瞰湖学校でちょっと軽食。いまは誰もいない、さみしい場所だけに我々としてはもってこいの場所。民宿で洗ってくれた生野菜をパリパリ、シャボル音。おいしいネ、うまい……と、今までとはちがった味だ。とても寒いが、味のよさに寒さが消され、５人家族はいつもに喰った。ああ、おいしかった。

武舎さん、加藤さんたちは、こんな味わいをとうとうしないで帰ってしまった。残念であったろう。今ごろ仙台についたかな（午後３時）。まったく今日は悪天候！　メロンは民宿で食べようと、生野菜全部たいらげ、種差まで直行……と出発、３時15分。

15時24分、発荷峠。ここでも景色はホトンドだめ。視野を広くなんていうもんじゃないぜ。

15時26分、**鹿角市**に入る。十和田湖をはなれて、坂道を下った。12分程度走って、仲滝に入った。仲滝から八戸へ向かう道路に入った。国道104号線沿いに、ふきのとうがたくさん顔を出しているのが目につく。だんだん天候が明るくなってきた。青空が見えはじめた。坂を下る途中、カーブのところで石が車の下にひっかかって、20秒停車。そして、発車……。

15時55分、田子町（たっこまち）頁坂に入って、いぜんとして、国道104号線。この付近は道が安定して、静かだ。思わずうっとり……？

16時18分、**三戸町**に入りました。もう４時過ぎました。武舎さん達はいまどこに……仙台あたりでしょうか？　三戸の中心街の空き地にメーデー会場があった。今日はじめてメーデー会場にさしかかった。中心街を通り過ぎて、道をまちがえた。そして……消防団員の人に道を聞いた。団員の人はなまりのある声で教えてくれた。そして、もどって……また団員の人に道をたずねた。今日は消防の観閲式があったらしく、消防団員が町の中に多く見うけられた。途中で公労協の宣伝カーとすれちがった。

そして……国道４号線に入ったのです。右側に東北本線が見えてきた。馬渕川が見えてきた。

16時45分、相内に入った。それから虎渡を通り……名川町で国道4号線をはなれて左折、104号線に入った。剣吉に入りました。そして、福地村。東北本線が左側に見えてきました。

そして、**八戸**に入りました。５時ごろでした。馬渕川と一緒でーす。馬渕川を渡りました。日本共産党の岩間正男氏のポスターがあちこちにはられていました。岩間さんガンバッテね。

太陽の陽ざしがまぶしくて、十和田湖の天気がウソのようです。司法センターの前で電話をかけるため４分停車。(民宿に電話した。)

17時20分、八戸市の中心街に入った。塩町で右折、45号線に入った。新井田橋を越えて左折、国道45号線をはなれた。陸奥湊駅で休憩。実はトイレヨ。鮫駅付近で八戸港が良く見えた。

17時55分、八戸うみねこラインに入ると、太平洋の海が見えてきた。きれいだ。

18時15分、**種差**着。249km、この夜６時30分、佐藤治代さん来るころ。

５月２日　木曜日

＋107km（ガソリン）　朝６時ごろ村田さん来る。荷作りして不必要物、駅から送った。だいぶ空いた。

９時15分、種差出発。

９時30分、岩手県に入る。太平洋に沿って緑や青、カーキの屋根が美しい。国道45号線の左右に白樺があったり、たんぽぽが咲いていたり……。自然はいいナー！

10時、やっと太陽が顔を出した。海も輝きを増した。気分快適！

10時10分、夏井橋通過。

10時20分、**久慈駅**にて休憩。今日の昼食はカレーライスの予定。材料を用意しなくっちゃー。食事担当の人、さあ行ってきてー。

10時40分、久慈出発。

10時50分、灯油と米を買い、牛乳を飲み出発する。

11時、久慈開港記念の塔通過。川津君安全運転について注意を受ける。今にも落石しそうな崖の下を通る時は内心ヒヤヒヤだった。

11時20分、小袖。防波堤に打ち寄せる波をみながら10分間を過ごす。

12時20分、黒崎灯台にて昼食準備。外にしようか、中にしようかと考えながら、風が冷たいので、やっぱり中に。カレーライスに野菜サラダ、みんなで食事したく。ああおいしい。今日はじめて自分たちで作った昼食。カレーライスはざっとこんなもんネ。お茶っ葉を忘れたのが残念。（加藤さん用意してくれなかった。）その後、灯台まで散歩。岩の上に登り、バカと煙は上の方というが……。

15時２分、道に迷い、そのまま下車。キャンプ場で幼き頃を思い出す様に、皆でおにごっこ。皆真剣そのもの。川津さんなんて白熊みたいな勢い。ドングリを投げたり、イガグリを投げたりしながら、楽しそうな顔・顔・顔。いい運動になったなあ～。

15時40分、黒崎キャンプ場を出発。やがて、トンネルに入り、中でも弁天トンネルは覚えやすかった。カーブが多くなり、有料道路も終りだ。レモンをしゃぶる、いい香り。左手に陸中海岸いわゆるリアス式ともいうのだろう。

16時５分、島越トンネル通過。

16時30分、真木沢橋通過。

16時35分、ガソリン17ℓ（小本橋近くにて）。

16時42分、小本トンネル通過。今までのトンネルの中で一番長いトンネルだった。

17時４分、**田老**トンネル入り。

17時８分、**宮古**第四トンネル。宮古第三トンネル入り、宮古第二トンネル、中の浜キャンプ場を左手の方に見る。宮古第一トンネル。

17時24分、一人女性、生理的な現象にてガソリンスタンドへとびこむ。この辺、宮古市。車の流れがにぶくなった。今日は遅れるかもしれない。

17時37分、再び大洋にでた。ここはもう日本海ではないネ。うたごえが続く。

村田さんに佐藤さんが「そこはちがうヨ」なんて、手痛いダメージ。がんばって、うたって。ドライバー功さんは、タバコを口に異常多吸いしそう。それにしても、村田さんだいぶ元気あるネ。いままでだまっていたのにー。

18時、**山田町**に入る。大槌まで、あと30キロほど。ＴＥＬしなくちゃー。青森雲谷（もや）みたいなことないように、この辺にくると海は見えない小さな町。あっ、失礼、海があった。左手がそうだ。

18時５分、ビバンにちょっと一休み。忠さんがＴＥＬを。誰に？　ナイショ。それにしては長いなあ。

18時12分、１号車パンク。どうしてパンクしたのかな？　重いからかしら？

と皆言っています。

降りて、ガヤガヤと騒いでいます。

即、タイヤを交換し（その間５分）、良く調べると、タイヤの横が切れていました。宝来橋の上で注目されたまま。

18時20分出発し、村田しゃんがイスを　以下空白

18時25分、織笠駅通過。忠さんが地図を片手に歌っている私に、書け書けと、ここでカキュー３分の３右、ピーチクパーチク、乙女二人はうたう。1号車の川津君がなにげなく、手で拍子をとっている。わかっているのかな、あの人。でも、調子が合ってるネ。

18時30分、船越を通過。あっ、左手に景色のよい太平洋。波が静か。白熊のやつ、さっきのおにごっこの時ぶっつけた左足、いたい。

18時40分、**吉里吉里**（キリキリ）駅を過ぎた。浪板の駅の近くなのに、1号車は道路に確信をもって快調に進んでいる。幾らいっても、気がつかない。前のトラック、じゃまだ。しかたない、ここでまっていよう。（吉里吉里坂ドライブイン）

18時55分、まだ１号車は姿を現わさない。ずーっと、ずーっと行ってしまうんじゃないかと。（本当にあのトラック憎らしくなってくる。）

19時、１号車も待っているのではないかということで、二人（忠さんとはるよちゃん）を残し、追跡する。大磯町を通りトンネルを通り、根浜海岸を過ぎる間（12分間）何の手掛りなし、あきらめて二人の所へ戻ることにする。

19時15分、民宿へＴＥＬする。

19時45分、待っても、待っても来ないので、木村さんを残しさがしに行く。大槌の駅などをさがし、仕方なしに戻る事ににする。

20時10分、**発見**。うれしいというか、コノヤローとどなるか、この気持ちは複雑です。ところで今度は、木村さんが居なくなってしまいました。でも、彼はすぐ見つかりました。私達の車を見つけ、手を振ったそうですが、眼中になく、路傍の石のごとく見捨てられマラソンして戻る途中を拾いました。

20時15分、無事全員集合――民宿に向かって出発。

20時50分、無事民宿へ到着。237km。

なかむらやにて、（木村）功記す。

昨夜の食事は非常においしく食べる。村田さん、民宿のおばさんに気に入られ、ここにいてくれといわれる。皆で協議の結果、残していくことに決定す？

後になったけれども、着いたら民宿のおばさんに、やすんでけれ（上がってくれとの意味。）といわれ、着くなりやすんでくれといわれ、食事もしないで寝るほかないと思い、東北人ながら方言に苦しむ。

大きな家で、又、本当に土のにおいのする家で、奥行きのある家であった。俺の家もこんなには大きくないが、庭の広い民宿との感がする。改築中で食堂なんかさむかった。

朝、武井君、森さんにフトンをとられそうになり、いやだいやだと、ないている。又、マクラをなげられて、「なんばしているぞな、白熊とリキジ」と、森さんが言う。

俺はフトンの中で書いているが、この辺で起きなければな。おきよう。５月３日７時45分終わり。

５月３日　金曜日

６時50分起床。青い空が遠くまで続き、いい天気。

９時、「おばさん、お元気で」と、皆であいさつ。記念写真も撮ったし、もちろんおばさんと。ああ、ここの食事はおいしかったな。おばさん、いい人だった。家は少々こみ入ってたけど。それぞれ胸に思いを抱きいざ出発 ！

９時８分、古里古里トンネルを抜けながら、昨日のことを思う。木村さん良くトンネルを歩いて……ここまで来たものだわ。川津君が後ろを向いて、ニコニコと五歳児の様な笑みを見せ、手を振っている。古廓坂トンネルを抜けると、釜石にはいり、車は時速60kmですべる様に走っている。

山の間を走っている道路。桜の花を見ながら黄色い花を見ながら、車は走る。

９時24分、ガソリンスタンドの側で止まり、横を見ると、岩間正男さんのポスター。そこでひらめいたのが、サクラサクラ作戦。ガンバラナクッチャネ。水海トンネルを通り、また烏谷坂トンネルを、長いトンネルだった。その時、前車が違反を、トンネルの中で追い越しちゃいけません。新日鉄の独占工場があり、オレンジと白のしましま煙突からオレンジ色の煙をたゆみなく吐き出している。

広い敷地を持っている新日鉄の工場。ずいぶんもうかっているんだろうな。女坂があり、そこにも岩間さんのポスターが。坂を下ると、左手に釜石大観音が高く海を見下ろす様に立っている。ところが、後ろ姿しか見えないの。

９時45分、我あこがれの柔道着姿をした若者が、右端をランニングしている。黒帯を着け勇ましいんだなあ。

時折、忠さんがニヤッと一人笑いをする。そして気分いいらしく口笛なんぞを吹いている。

石塚トンネルをひんやりと冷たく通り抜ける。トンネルのなん

判読不明

９時53分、小白浜トンネルに入り、この字はなんて読むのか考えている所、片岸大橋という、たいして大きくもない橋を通りまたもや熊の木トンネル。道の両側に細くすっきりした木が目を楽しませてくれる。鍬台トンネル、前が見えない、見えない。2.3km位あり、トンネルを出ると三陸町。左手に吉浜湾が見え、砂浜の様に静かにキラキラ光る。青い海が広がっている。すばらしい眺めである。

10時８分、左側にすみれの花が咲いている。黄、白、紫。羅生トンネル通過。

10時20分、三陸トンネルを抜けると**大船渡市**に抜け、そこでいたる所に黄色のタンポポがこぼれた様に花を咲かせています。そのなんともいえず可愛らしいこと。

11時５分、ガソリンスタンドへ。皆、自然にまかして。　3701　75　14.0ℓ。

11時15分、ミリンダを飲み出発。婦歯橋を渡り、忠さんから恋愛においてだけは、積極的じゃないという話を聞いている所。右側の階段を上ると、月山神社に行ける。

11時26分、宮城県唐桑町入り。２分後食料品仕入れ。

12時30分、御崎野キャンプ場（松林）にて昼食。

今日は肉いため野菜、かんづめ。ライスは昨日よりうまくいった。非常に寒いが天気は最高。真っ青な空、太陽が照り、暖かいはずだが、松のかげにかくれ、我等を不幸にしている。おてんとうさま、たのむから、我等にてらしてけれ！

昨日に続き、今日も昼食にはもってこい。いい天気ネ。冷たい水で洗う野菜……あぶなっかしく皮をむく。じゃがいもは、いつのまにか体をうんとけずられてしまった。約１時間たって昼食に入る。今日はお茶もある。ばつぐん。

15時35分、キャンプ場をあとに民宿へいそぐ。ここでドライバー功さん。小学生がサイクリングしている。バスが２台。

15時45分、椿の花が美しく咲いている。白の椿を生まれて初めて見ました。

16時、山吹の花も美しい、パッと目の中にとびこんで。唐桑トンネル通過。気仙沼市に入る。

16時10分、**気仙沼**にて、共産党宣伝カーに出会う。カーには何も宣伝ポスターなど張っていないが、意外と生き生き言っていた。車の中から拍手し、激励したが聞こえなかったよう。がんばろう。明るい日本をめざして——。

治代さん、いい気持ちでねている。

16時20分、ここで1号車ドライバー、マミーに交替。安全にお願いネ。

17時23分、津山町をあとにいま車は走る。

太陽は前方、若干まぶしい。ああ、ねむかった。筆者、寝起きまなこで静かにペンを走らせる。カーステレオは港町ブルース。この音楽とてもいい。北上川を右手に、太陽も右、国道45号線を車は石巻をめざしてまっすぐ。17時35分、北上ドライブインに着く。ここで、コーヒー１杯。ついでに食べたいと思っていた。朝鮮づけを２皿、ああおいしい。

18時、出発。右手に夕日にそまる北上川を。カーラジオでニュースをきく。憲法記念日にちなむ集い（様々な）を報道していた。米日反動の憲法じゅうりんの今日、私たちは心から平和と民主主義をさけび、今日の日をその考えなおす日にする必要があるでしょう。

私たちは様々な生活の場で民主主義を徹底的に守り、確認しようとする動きとは体をはってこれと闘うようにしていきたい。それが、平和への出発ともなろう……。

北上川を渡る橋の上でパトカーとすれちがう——。

橋の上から右手を見ると、真っ赤にそまる夕日が美しい。今度は左手に北上川を、車はニュースを報道しながら前進！！

前方に赤く丸い太陽が沈むのを見ながら、天王橋を渡る。忠さんがひどく高い声で北上川を歌っている。皆で合唱。「この辺の田んぼは、行儀いいね」と村田さん。

18時26分、忠さん。きたない川を左手に見、車は進む。

右手にわらぶき家を見る。左手に鳴瀬川を見、薄暗くなった。**石巻市**を急ぐ。定川橋を渡る。

矢本に着き、右手に矢本町役場。

18時38分、鳴瀬町に足を——タイヤかな——入れる。鳴瀬川と吉田川を渡り、左に回る。工事中の側を通り、……。

18時55分、望洋荘に到着。忠さんがあいさつに。本日の走行距離、220.3km、通算1,822km。

21時09分、忠さんが鏡を見ながら、髪をなでつけている。ヘアートニックと思い、つけたのが、なんと、見てみるとスキンローション。やりつけないことは、やらない方がいいようね。

5月4日　土曜日

４時45分起床。５時45分、６時、６時45分、それぞれ違う。天気は上々。今日もめぐまれた一日であるような。

朝起きて海岸へ散歩に行く者、駐車している車を移動する者、さまざまだ。

８時30分、望洋荘の人とカメラでパチリ。忠さんがきれいな娘さんと写りたい意志だったのに、忙しくてダメでした。残念。

８時35分、２台の車が望洋荘の人に見送られて、吉田川沿いを走る。水の少ない吉田川に舟と人がいる。舟は動かず、人は膝までしか水がない。

８時48分、**松島町**に入る。左手に菜の花を見ながら走っていると、木村功さんがタバコを買うため下車。それを利用して、治（代）さんも…人のもとへハガキを出しに。

９時、車を停車するのに、両・木村が有料にするか、無料にするかで駐車場を競っている。功さんの押す無料駐車場があり、皆下車。それは、松島公園の側でした。

９時55分、それぞれに土産物を買い込み、乗車。双観山を見、利布町に入る。

10時１分、塩釜入り。妙に忠さん、この頃大きな声でくしゃみをする。道路は混雑し、なかなか前に進めない。前の車から足が出ている。何の足かなと、眺めていると、それは、熊の足だ。＋24km。

10時37分、**仙台**入り。福田町。国道4号線を走る。南小泉で信号待ち。

10時53分、千代大橋を渡る。横をMobilのダンプが追い越す。横のトラックには豚が乗って、こちらを見ている。

11時、名取市 → 岩沼市。

11時25分、右側に小学校が見え、ブルーの上着に白のショートパンツをはいた女子が楽しそうに、フォークダンスを踊っている。私も踊りたいな。

11時40分、柴田町の辺りで、前方に蔵王山が、上には雪が積もっていてきれいだった。治さん、よくねている。

11時49分、蔵王町、札幌どさん娘で食事と思ったけれども、隣りのドライブインで焼肉定食、皆で食べる。

12時35分、脂身ばかりの肉で、愛想の悪い店だった。

そこを後にして、車は一路、すぐに白石市に入る。こけしが立っている橋

を通る。3933　(63)　16ℓ

13時５分、**福島県**入り。

13時25分、福島県瀬上（せのうえ）町入り。

13時47分、福島市、前方に磐梯山が見えてきた。というより、見えていたのが、はっきり、しかも太陽の輝きによって雄大さが増してきたのだ。「レモンアイスの味は格別、牛乳はどうかな」、治代さん。しかし、この車には３歳ほどの幼児が同乗している。牛乳をまともに飲めなくて顔にこぼしたが、飲んでるー。それは、治代さんでした。

14時35分、吾妻スカイライン入り口で除雪作業のため、断念せざるをえなかった。花月グランドホテル、標高800mで休憩して、国道110号へ向かう。

14時45分、梨売りを見た。梨の花も咲いている。

15時、♪さくら　さくら　やよいの空は……と、急に歌い出す位にすばらしいさくら景色の眺め。ぱっと咲いたさくら賞。遠く連山には、雪が積もり、ひんやりとした空気が車内に入ってくる。白い雪に陽が照りつけ、まぶしく輝いている。

16時、土湯峠にちょっと立ち寄り、買い物をして、出発。その後、タバコを吸う話になり、母性保護の話まで発展。功さん談、「女性は、腫れ物にさわる様だ」と、それにしては……？

16時30分、秋本湖を見下ろす高台に停車し、山に囲まれ、静かに波寄せている湖を澄んだ目で見る。

カーブを曲がると、眼前に檜原湖が広がっている。島には雪が積もり、冬を思わせる様な装い。磐梯吾妻レークラインを通る。

16時42分、ゴールドラインに入る所で、先生の言うことには「車の中に美人がいても見てはいけません」だと。

16時55分、車は無事にこがね平駐車場前を通過。

17時５分、滑滝通過。**猪苗代湖**が見えてきた。

17時10分、料金所にて300円を支払う。49号線を民宿へ向かう。ところどころに見える民家の屋根は瓦じゃない、トタンだ。瓦だときっと雪かきなどで不都合な事があるんだろう。

17時35分、4086　215　12.6ℓ。

夜はウィスキーでコンパ。森さんが一番いい気分になったよう。そして、トランプ。功さん２連勝。

5月5日　日曜日

－20km

雨がしとしと降り、磐梯山がかすんで見える。今日は東京へと向かう。忠さんが石鹸水で窓を真剣に磨いている。

９時、千里荘を出発。左手に野口英世記念館が見える。右手に猪苗代湖を見ながら、車は走る。ウトウトとしているうちに白虎隊自刃の地に着く。

10時20分、土産物を買い込み、鶴ヶ城へ。

10時40分、鶴ヶ城内に着く。

11時55分、鶴ヶ城を見学し、忠さんの強い希望により、イカの足を食べ、満足し、城を後にする。会津の町は混雑し、忠さんも少々イライラしている。公明党が歩道で愛の募金運動をしている。

13時30分～14時25分、**武ちゃんの田舎の家**（赤津）に寄り、おばちゃんやおじちゃんや、おばあちゃんや隣のおばちゃんに会った。カステラとおいしいラーメンと、かまぼこをご馳走になり、武ちゃんの優しい接待を受けました。

14時45分、砂利道があり、前車はハンドルを取られ、走行困難になり、森ちゃんと功さんが車の後押し、ポンコツ車やなー。

15時10分、忠さんが一つのあめ玉を出して、食べさせたくない様子を示す。

15時36分、須賀川市内を車は石川方面（118号）に向かって進む。左手の小高い所に「赤旗をどうぞ　岩間正男、下田京子」の看板あり、少し励まされたべしー。この辺りから118号線を上りまーす。「民主的改革と労働運動」の学習をするが、すぐにねむくなる。もうねようー。

16時5分、目がさめた。ああシャボル。石川町に入る。ガソリンスタンド、まったく休み。ああ、トイレにも行きたいが――隣の自然破壊者（トンコ)、「その辺にどうぞ」だなんて、こんな人いるから日本は汚くなるんだべし――。こんだ開き直り、「肥やしになるだもん、いいじゃない」だって――ああ、おそろしい人。

16時16分、棚倉町に入る。ここは両サイド街頭柱が立ち並んでいる。

16時33分、棚倉のドライブインで息抜き。忠二のママに電話する（ガソリンスタンドへ）。

16時45分、お菓子、アイスの食料品補給。矢祭町へ。

17時10分、**茨城県**入り。

17時24分、大子町に入り、トンコが「クリマは……」だなんて。言葉をはっきりいわない人が、どうして先生を……。本人は功さんの耳が悪いと焦っていたが、真実は……。道路の両端にある電柱に立木洋さんのポスターを貼ってある。ほとんどの電柱に貼られている。ガンバッテルナー。またもや、トコちゃんが眠ると言っている。ちょっと寝すぎじゃないかな。立木さんは優しそうな顔している。左を流れている川は久慈川。

17時45分、**忠さんの親戚の家**に寄り、お茶を飲んだ。

18時30分、やよいさんの事を話しているうちに、忠さんは「お嫁さんをもらう時に『いただきます』と言いに行く」んだって。まるで食事でもするみたいだと、大笑いに笑った。234（ガソリン）　16

忠さんの親戚のガソリンスタンドに寄る。餅をおばあさんからもらう。

19時37分、中川を通ると水戸市に入る。

23時26分、無事到着。百花寮の思いもよらない程の門の側に。

2冊目

4月27日　土曜日

0時30分　百花寮出発。メンバー7名。

1時45分、埼玉県坂田通過　21,437km　。

2時30分、群馬県西島通過　21,448.2km。

3時30分、渋川行県道と国道17号の交差点通過、ドライブイン見あたらず。

4時、渋川にて休憩、軽食〝味噌ラーメン〟@280円　6名　21,530km　ドライバー交替。

4時30分出発、目印付ける。

4時50分、**沼田**入り口にてドライバー交替。

『4月27日の朝、桜のうすぼやけのピンクと岩にぶつかり白くあわだつ水の色がじつに新鮮に目にうつる』

5時20分　三国峠に入る。カーブ55。桑畑多いように感じる。

5時55分、貝掛温泉通過。

6時10分、湯沢温泉。

6時40分～7時30分、ガスがかかっていました。体操、記念写真、休憩。ガスが濃くなってきた。雪がまだ残っているヨ。よごれていたよ。出発。

8時5分、19.5ℓ、満タンOK.

8時20分、和南津トンネル、21,657km。

9時、**長岡**市、8号線と合流。

9時35分、ドライブインで5分休憩。

9時40分、出発。

9時45分、晴れ、風が強い。中の口川沿い通過。

10時25分、黒崎町、曇り。

11時50分、**新潟**カーフェリー乗り場着、手続き等。21,747km　こがね丸に入船、多少ゆれる。

15時5分、出船、**佐渡**到着。

15時10分、宿舎着。東宝荘、チェックイン。

15時15分、佐渡半周コース、スタート。

16時、姫灯台着。海がとってもきれい。灯台白かった。遅い３時のオヤツ、サラダ。

16時45分、姫灯台と桜をあとに出発。地図に名もなき道を進む。

17時45分、野浦にて通行止め！　Ｕターン。

18時30分、宿舎着。風呂、夕食。

20時10分〜21時、佐渡おけさ見学、30分間。

〜21時20、買い物。

４月28日　日曜日

６時30分、起床。

７時、朝食。21,808km

８時10分、東宝荘出発。天気最高！　雲一つなし。

８時15分、給油。

９時40分、七浦海岸、休憩。夫婦岩チケット。

９時50分、出発。

９時50分、春日崎通過。

10時25分、佐渡金山。

11時20分、出発。

12時５分、両津港着。

12時20分、乗船。

14時45分、出船（新潟）。21,892km　曇り

14時55分、万代橋通過。

15時20分、泰平橋通過。

16時、加治村通過

17時５分、**早川海岸**で休憩。海岸がとっても美しい。

17時15分、出発。

17時50分、笹川流。

18時、電話する。

18時15分、国道７号線に合流。

19時、**由良温泉**着（いす江）。

4月29日　月曜日

雨

8時45分、出発。朝食よかった。22,041km

9時25分、**酒田市**入り口。雨あがる。

9時30分、ガソリンにて

10時15分、酒田駅にて買い物を終えて出発。

11時、湯の田温泉散策。22,102km→22,122km

11時21分、金浦町。22,144km

11時58分、本荘大橋。22,185km

12時50分、**秋田**駅着。22,187km

12時56分、千秋公園着。

14時30分、中野ドライブインで昼食と給油。

15時10分、出発。

16時60分、秋田港

18時10分、宮島荘（戸賀）着。22,266km、本日225km。

4月30日　火曜日

7時45分、**戸賀**、宮島荘を出発。22,266km

8時40分、休憩後、入道崎出発

9時、寒風山入口。22,291km

9時20分、寒風山展望台で1時間休憩。

10時35分、若美町。

11時30分、能代市青葉町で、ボーリング場にて休憩。

12時5分、木白橋。

13時、大館駅着。昼食。

14時20分、大館駅出発。

15時30分、**弘前公園**。弘前の桜、まだ、つぼみだった。これが咲くと実にきれいだと思う。ちょっぴり残念。でも、花やっている人がいた。楽しそう。もう2、3日すると満開に。22,450km

17時35分、弘前公園出発。

18時55分、青森市で夕食。

19時55分、青森駅西口出発。

5月1日　水曜日

メーデー

7時20分、宿を出発。武舎さん、加藤さん、わかれる。

9時40分、奥入瀬川入口。22,557km

10時、出発。

11時30分、**十和田湖**着。奥入瀬川沿いを歩く。寒気の中を走る、車迄。

13時、出発。

13時15分、KANKODAI。天気が良ければきっときれいにみえるでしょう。風が強くて手足がかじかんでいます。いわゆる寒いのです。もう５月に入ったというのに２月の寒さ。オ〜〜サム！22,581km

13時、休屋、乙女の像。買い物する。

14時30分、出発。

14時50分、瞰湖学校にてオヤツ、サラダ。

15時15分、出発。休屋（やすみや）から下ってくるとき、あちこちで水芭蕉が見られた。こちらではこの花が春を告げるものではないか。

16時30分、熊原川（三戸）。三戸城の桜（城山公園）満開でとってもきれい。歩いて通れなかったのが、私自身残念に思う。

16時40分、南部町（三戸）桜がきれい。

17時、福地村、山にかこまれた農村。空には、白い雲があちこちにぽっかり浮かんでいる。ここの長閑な風景にマッチしている。この辺でも少しリンゴの樹がみられる。ラッパスイセンが家々の庭にうつくしく咲いてきれい。ときどき薄もも色の芝桜がみえる。

17時5分、八戸市に入る。こんな感じの消防署が建っている。

17時15分、八戸の街。今日はすごい風。砂ぼこりがひどい。せっかく開いた桜も散ってしまいそう。こちらの桜は葉っぱの方が先なのか。緑色がめだつ。道沿いには、何の木だかわからないけど植えてある。（リンゴかな？）

17時20分、木村氏、旅館へ電話。桜木駅前の電話ボックスにて。

17時30分、八戸市有家通過。新井川大橋、川辺にはカモメが4羽うかんでいる。鮫駅。

18時、〝うみねこライン〟に入る。

18時20分、種差駅前の浜海荘、着。

5月2日　木曜日

9時20分、22,700km。種差を後に一路岩手へ。荷物の半分をここの駅から送る。今日から隅東の佐藤さんと村田さん加わる。村田さんは、今日の朝6時前に旅館につく。天気は曇り空、風……少々、まずまずの天気。道路状況ガラガラ快走。左手には松林、その向こうには青い日本海が望まれる。

10時4分、雲が前に六つ見える。僕はねむいな。あくびが出た、三つ出たのだ。ねむいのだ。でも外が見たい。悲しいね。宮古市にむかう橋を渡り終わったとき、大イビキ。22,736km

10時40分、久慈駅にて買い物（カレー、サラダ）。朝市。

11時、久慈港。まだ新しいからきれい。船は2、3隻しかいない。

神田川の歌を聞きながら、ホンダZが坂を登っています。土湯峠で休憩。（トイレ、その他）

5月3日　金曜日

桃の花が咲き乱れ、小川の水がチョロチョロ。思わずヤッホー～　アホー～。歌は変わって「恋する夏の日」「恋にゆれて」……。

車や進みます。大船渡を走っています。道路は国道45ROUTE。マミーがトイレへ行きたいと言ってうるさかった。

空が青く、白い雲がポッカリ。歌は「赤とんぼ」の歌。道は下り坂。あたりにリンゴの木が見えてきた。陸前高田、シェルで補給燃料を入れました。

やっとマミーがトイレに行った。時間が長い……？

村田さんが大口をあけて、ジュースを一飲みしてた。

11時25分、**気仙沼**でガソリンを満タンにする。お腹いっぱいに。右にまっくろがとまっている（カラス）

12時27分、マミーがミカンをなげる。みぞおちに当たる（幸次）。おまけにマミーの馬鹿力。唐桑半島に向かう峠を登るホンダZ、ポコチキ バンバンと～。

12時35分、キャンプ場到着。松林の中で海の見えるキャンプ場です。おなかがすいた。

即、昼食準備がはじまった。佐藤さん、村田さん、木村(忠)さん、木村(功)さんの４人が炊事場に向かって一列に並んで、食事の準備をしている。武井君がマミーに向かって、松ぼっくりを投げた。的が大きいから当りやすいのです。

村田さんが平手打ちとキックで、か弱い男性をいじめた。食事のテーブルは、小高い丘のくずれかけてない所にあった。そして、炊事場から約60歩の所にあった。松の木の下には、小さくてかわいい紫のスミレがポチョポチョと咲いていました。

マミーが卵を私め（川津）の頭でわった。１週間のケガはしなかったけれど、痛かった。

トイレの王者・マミーがトイレが近いと喜んでいた。今日のお昼の献立、ごはん、肉野菜炒め、サラダ、パインと桃のデザート。カラスが飛んでいます。カラスもお昼なのかな？

松林に囲まれ、空は真っ青、太陽は照っているが、我々には届かない。もし、届いたなら、我々は天国に住んでいることになる。だから、これでいいのだ。少し寒いけど……。

14時５分、昼食には少々遅いが内容が豊富。……いやん、もう食べられる。うわー、嬉しい。

いよいよ食事。村田さんがハシを落として焦っていた。食べているときは、皆さん静かでーす。皆さん、おいしい、おいしいと笑顔をうかべていた。

歌は、かぐや姫の「田中君じゃないか」がかかっています。佐藤さんが一番遅くまで食べていた。

14時50分、食事が終わった。そして、あと片づけ。

15時46分、キャンプ場を出発。歌は「魅力のマーチ」「私の宵待ち草」。そして、椿の花がとても見事に咲いていました。途中、ジャリ道の下り坂でブルーバード・クーペ、マックス・ハードトップに抜かれた。

唐桑トンネル（900m）を通過。気仙沼の町を通過。国道45号線です。階上（はしかみ）付近で運転手交替。マミーが運転するのです。ウインカーを出したまま300mも走った（追い越しの時です）。マミーは運転していても、絶えず笑っていた。夕陽に向かって、車は走った。

マミーが運転すると、話題が絶えない。

マミーが民宿に電話をするついでに、トイレに行きたいと言った。この辺は、警察官の人形と白バイが置いてある。本物のように見えるかも！

北上ドライブインで休憩約40分（トイレ、民宿への電話）。

出発。右手には、北上川が流れています。思わず……においやさしい白ゆりの……なんて、歌が出てきそうです（北上夜曲）。

18時28分、もう太陽が真っ赤にそまっています。美しいですね。もうじき沈みますヨ。これが「北上の夕ぐれ」なのです。

18時30分、もう陽は沈みました。空が赤くそまっています。東北一周後半7日目、まもなく民宿につきます。今日も一日が終わろうとしています。後半は天候にめぐまれています。明日も良い天気であってほしい。残り少ない旅行を大切にしていきたい。ちょうど今日の夕陽は、後半のドライブを歓迎しているようです。

鳴瀬川をこえて左折、国道45号線をはなれて、野原へ向かって走ります。鳴瀬川の河口が見えてきました。

19時10分、望洋荘到着。今日の走行距離220.3km。

5月4日　土曜日

７時、望洋荘出発。22,940km　今日も快晴、浪板をはなれて、吉里吉里トンネル通過。受渡トンネル通過、大槌町に入りました。山々がきれいに見えま〜す。かぐや姫の歌を聞きながら、のんびりと……。古廟坂トンネル通過、大浜渡橋を渡って指住居に入りました。桜が満開です。美しいですネ。山吹の黄色い花も咲いていまーす。釜石町丸善石油のスタンドの先で少々停車。水海トンネルを抜けて、鳥谷坂トンネルを抜けて、長〜〜い(約1,400m)トンネルでした。

釜石の町の中に入りました。45号線を走っています。岩間正男さんのポスターが貼られています。タンポポやスミレも咲いています。春ですね。坂を登って、後ろに釜石港が見えます。左手に釜石大観音の後ろ姿が見えてきて、大きいです。ちょうど映画の大魔神のように見えました。

平田を通過。大船渡まで35キロ。今、３人乗りの車は坂道を登っいるのです。

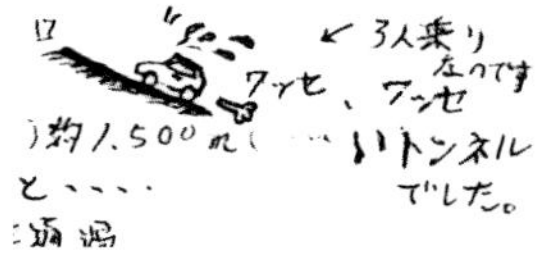

石塚トンネル通過。これも長〜〜い(約1,500m)トンネルでした。小白浜トンネル（40m）を抜けると熊の木トンネル（600m）を通過、鍬台トンネル（1,300m）通過、そして、左手に海が見えてきました。きれいです。

三陸町吉浜通過。やがて、車は山を登りはじめました。コロナバンに抜かれた。ちくしょう。羅生トンネル（660m）を通過。下り坂に入りました。そして、……また上り坂。この辺は坂やトンネルが多いですね。なぜか……？

そこに山があるからです。桃の花が咲いています。

山々は春、春、春なのです。三陸トンネル（約600m）通過しました。下り坂に入りました。スーイスーイ。坂の途中で休憩（以上、昨日の事)。

一路、**松島**に向かって。今日のミュージックは、かぐや姫の「人生は流行ステップ」。鳴瀬川をあとに、車は国道45号線を走っています。

８時48分、松島に入りました。松島の町の中の金物屋さんの前で２分停車。

９時３分、松島港で休憩。瑞巌寺前でタツノオトシゴのはく製を買った。公園で木村（忠)、木村（功)、川津がねころんだ（追加、佐藤、村田)。「虹色の湖」を歌いました。休憩は約50分でした。松島を後に、車は浜田トンネル通過。

須賀第二トンネル、須賀第一トンネル通過。杉の入隧道を通り過ぎて、塩釜の町に入りました。国道45号線です。

10時48分、**仙台市**に入りました。国道4号線、仙台バイパスを走っています。石坂川の橋を渡って、そして……名取市。歌は「チューリップのアップリケ」。

岩沼を通り過ぎて、国道６号線と別れて…左手に阿武隈川が見えてきました。タンポポが咲いています。大河原で１分停車（お昼、どうするのか？）。

11時47分、蔵王町に入りました。蔵王の山々が見えてきました。まだ、白い雪をかぶっています。曇っているのが残念です。ドライブイン・ニュー蔵王で昼食。焼肉定食。

12時35分、出発。

12時49分、ガソリン補給。

12時52分、磐梯吾妻スカイラインに向かって出発。４号線を走っています。桃がきれいですね！　白石市を通過。国見通過。

あべ静江の広告板がありました。静江ちゃん、きれいネ。リンゴの白い花が咲いています。福島の町の中に入りました。町の中を一周しました。しばらくして……正面に吾妻山が見えてきました。

坂を登り始めました。——ワッセ　ワッセ　小川のせせらぎが、チョロチョロ、きれいですネ。車は登り続けただ。やっと吾妻スカイラインの料金所についただ。だけど料金所には、通行止めの表示がでていただ（雪崩れのため通行止め）。そこで、……引き返すことになった。別の道を通って猪苗代湖に出ることになった。残念。そして、国道115号線に出ました。

15時出発。坂を下っています。この辺は雪が残っていますヨ。また、上り坂ですヨ。左手に湖が見えてきました。それが秋元湖なのです。

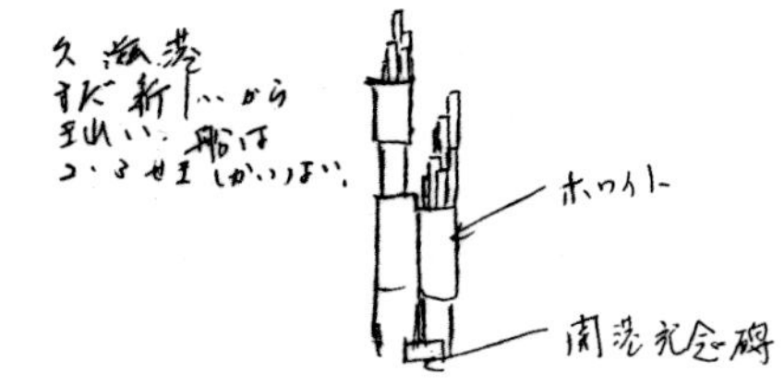

15時30分、見晴らしの良いところで休憩。

15時54分、出発。右に湖

が見えます。小野川湖なのでありまーす。坂を下って……料金徴収所につきました。レークラインを出て左折、ゴールドラインに向って走ります。ゴールドラインに入りました。坂を登っています。トボトボ。猪苗代で給油（日石スタンド)。そして……99号線へ……右折――回転 ⟶ つまり道をまちがえた。

磐梯山が近くに見えます。猪苗代湖畔を走っています。上戸トンネルを越えて……（転回）また、道をまちがえたのです。

千里荘に到着。中に入ると、……きれいなところでした。それから……卵で夕食。

5月5日 日曜日

9時、出発。23,423 km

国道47号線へ。今日はあいにくの雨。? 磐梯山が雲をかぶっていますヨ。

9時28分、猪苗代湖をはなれて、会津若松市に入りました。45号線を左折。

9時37分、飯盛山へ。白虎隊の墓のある飯盛山を見物。休憩。

10時24分、出発。会津若松市内を通って、鶴ヶ城へ到着。天守閣の中を廻って、写真を撮った。焼きいかをうれしそうに食べていました。

11時59分、鶴ヶ城出発。若松市内を通って、47号線へ。飯盛山付近を通って、車は赤津へ向かっています。下田京子さん（日本共産党）のポスターが貼られていました。ガンバッテネ。

12時51分、河東村に入りました。県道5号線を走っています。山の中のジャリ道を走っています。デコボコ。坂道を登って……そして……下り坂。凸凹のひどい道。後ろの荷物が歌に合わせて踊っています。赤津の町に入ってきました。

13時28分、武井君の故郷に帰ってきました。もてなしをうけました。

14時15分、出発。おじゃましました。赤津をはなれて、峠を登りはじめました。

運転手はマミーです。凸凹の砂利道を登っています。その時、とつぜん車の前輪が石の奥深く入り込んだのです。車の運転手が下りてきました。ホンダZをおして、砂利から抜けたのでした。原因：ウエイト重すぎた。そして、ふたたび車は走り出した。また、峠を登りはじめました。

樹木が美しいです。小川のせせらぎがチョロチョロと……滝です。滝がありました。やがて、峠を越えて平坦な舗装道路を走りはじめました。４号線を越えて、118号線に入ってきました。水戸へ向かっています。石川町をぬけて、やがて棚倉町。坂を下って正面の山々が美しいです。

16時15分、棚倉のドライブイン〝味のかけひ〟に止まった。川津君はここのドライブインに車がチャントとまらないうちから、トイレ、トイレ、トイレと後ろでうるさく、ちょっと車を止めて、外に出してあげると、一目散にトイレにかけこむ。出てきたら、安心した顔でスカット　コカコーラ。ここからドライバー交替、川津君。スッキリしたところで、安全運転を願います。

東北一周の旅（ドライブ旅行）
昭和49年４月27日　０時
墨田区東向島　百花寮出発
昭和49年５月５日　24時
墨田区東向島　百花寮到着

東北一周の旅（ドライブ旅行）
反省会
昭和49年６月２日
東京・奥多摩　御岳山ドライブ

「東北一周の旅　反省会」（昭和49年６月２日）
記念スタンプ

北海道の旅

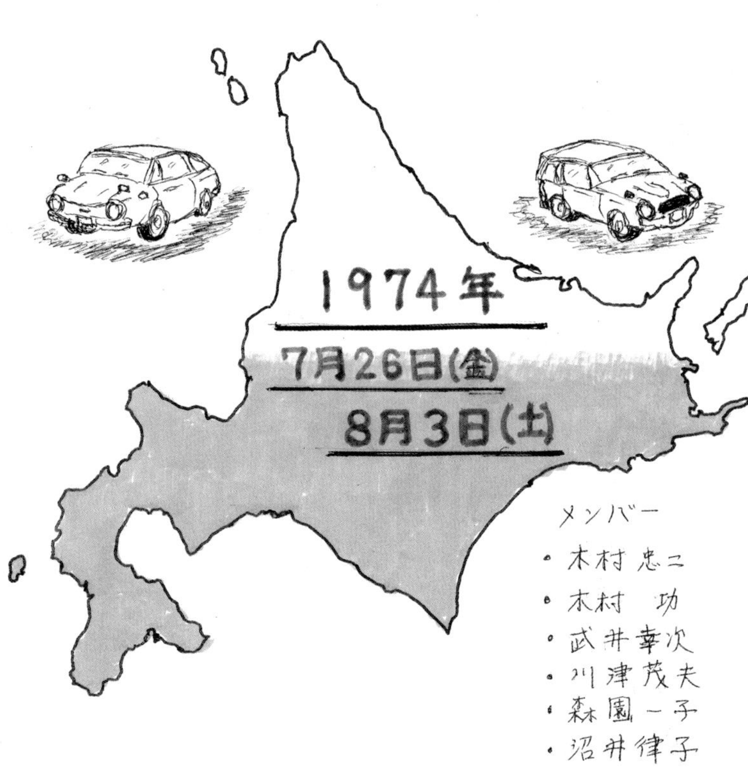

1974年
7月26日(金)
8月3日(土)
メンバー
・木村忠二
・木村　功
・武井幸次
・川津茂夫
・森園一子
・沼井律子

第2弾「北海道一周の旅」ご案内

1974年5月27日（月）

記

日本一周めざした第1弾の「東北一周の旅」はお疲れさまでした。第1弾に続き、第2弾「北海道一周の旅」の実施に向けての日程のご案内です。

1、日　　時　　1974年8月2日（金）～ 8月10日（土）　9日間
2、場　　所　　北海道半周
3、参 加 者　　6名、男性4名、女性2名
【継承略】木村(忠)、木村(功)、武井、川津、森園、沼井
4、車両2台　　スバルR2、排気量360cc、　ホンダZ　排気量360cc
5、コ ー ス　　(別紙コース図・案）参照
6、器材・持ち物確認
［器材］ 連帯準備するもの、
・救急用具一式、カメラ、歌集、地図類、貴重品バッグ、寝袋、テント、ラジウス（2個)、コッヘル（2個）または飯盒、食器、ギター、カセットテープレコーダー。
［持ち物］
・保険証、洗面具、着替え、雨具、チリ紙、BOOK（読書等)、筆記具、ポケットマネー（無理しない程度)、→出費は基本的に会費からにします。

企画担当者

第２弾「北海道一周の旅」日程変更ご案内

記

日本一周めざした第１弾の「東北一周の旅」はお疲れさまでした。第１弾に続き、第２弾「北海道一周の旅」の実施に向けての日程変更のご案内です。

１、日　　時　　1974年８月２日（金）～８月10日（土）　９日間（取消）
　　　　　　　　1974年７月26日（金）～８月３日（土）　９日間（変更）

２、場　　所　　北海道一周の旅

３、参 加 者　　６名、男性４名、女性２名
　　　　　　　　【継承略】木村（忠)、木村（功)、武井、川津、森園、沼井

４、車両２台　　スバルＲ２、排気量360cc、ホンダＺ　排気量360cc

５、コ ー ス　　（別紙コース図・案）参照

６、器材・持ち物確認

［器材］　連帯準備するもの、

・救急用具一式、カメラ、歌集、地図類、貴重品バッグ、寝袋、テント、ラジウス（２個)、コッヘル（２個）または飯盒、食器、ギター、カセットテープレコーダー。

［持ち物］

・保険証、洗面具、着替え、雨具、チリ紙、BOOK（読書等)、筆記具、ポケットマネー（無理しない程度)、→出費は基本的に会費からにします。

企画担当者

第２弾「北海道一周の旅」コース変更について

記

日本一周めざした第２弾「北海道一周の旅」の実施に向けて、コース変更内容です。

１　日　時　　1974年８月２日（金）～８月10日（土）　９日間（取消）
　　　　　　　1974年７月26日（金）～８月４日（土）　９日間（変更）
２　場　所　　北海道一周の旅
３　参加者　　６名　男性４名、女性２名
　　　　　　　【敬称略】木村（忠）、木村（功）、武井、川津、森園、沼井
４　車両３台、　スバルＲ２　排気量360cc、　ホンダＺ　排気量360cc

コース変更　（別紙コース図・案）参照

①　コース変更内容
【変更前】
８／３→７／27（土）　（夜間走行）
青森県（二戸町）国道４号線　青森県（十和田市）国道４号線　青森県（野辺地町）

８／３、７／27（土）、（夜間走行）　ＰＭ３：30頃着　（恐山）
ＰＭ４：30頃出港
青森県（野辺地町）　国道279号線　青森県（陸奥市）　国道279号線

青森県（大間町）　青森県（大間港）　（函館市場・函館市街）
津軽海峡フェリー（大函丸）所要時間1時間30分　函館港　函館山（夜景）
ＰＭ８：00頃着

函館市（泊）

【変更後】

8／3→7／27（土）、（夜間走行）

青森県（二戸町）国道４号線　青森県（十和田市）国道４号線　青森県（野辺地町）

青森県（野辺地町）　国道４号線　青森県（青森市）

青函連絡フェリー（羊蹄丸）所要時間３時間30分　　函館港　　函館山（夜景）

ＰＭ８：00頃着

函館市（泊）

【変更理由】

企画担当者

第２弾「北海道の旅」コース（案）について

８／２→７／26（金）　ＰＭ８：00頃出発（夜間走行）

東京都墨田区（百花寮）出発＿国道４号線＿埼玉県（岩槻市）＿東北自動車道（700円）＿栃木県（矢板市）＿国道４号線＿福島県（白河市）＿国道４号線＿福島県（郡山市）＿国道４号線＿宮城県（仙台市）＿国道４号線＿宮城県（古川市）＿国道４号線＿岩手県（一関市）＿国道４号線＿岩手県（水沢市）＿国道４号線＿岩手県（北上市）＿国道４号線＿岩手県（花巻市）＿国道４号線＿岩手県（盛岡市）＿国道４号線＿岩手県（岩手町）＿青森県（二戸町）＿国道４号線＿青森県（十和田市）（奥入瀬渓流。十和田湖）＿国道４号線＿青森県（野辺地町）

８／３→７／27（土）　（夜間走行）

青森県（陸奥市）＿国道４号線＿青森県（大間町）（恐山　ＰＭ３：30頃着）＿青森県（大間港）ＰＭ４：30頃出港＿津軽海峡フェリー（大函丸）所要時間１時間30分＿函館港（函館市場・函館市街）＿函館山（夜景）＿函館市（泊）ＰＭ８：00頃着

８／４→７／28（日）　ＡＭ８：00出発

函館市＿国道５号線＿駒ヶ岳（大沼公園）＿国道５号線＿森（いかめし）＿国道５号線＿八雲＿国道５号線＿長万部＿国道37号線＿洞爺（有珠山）＿伊達＿国道37号線＿室蘭＿国道36号線＿登別（登別温泉・熊牧場）＿国道36号線＿白老（アイヌ民族館・アイヌコタン）＿国道36号線＿苫小牧＿国道276号線＿支笏湖（泊）ＰＭ６：00着

８／５→７／29（月）　ＡＭ８：00出発

支笏湖＿国道453号線＿札幌（時計台・大通り公園）＿国道12号線＿岩見沢＿国道12号線＿滝川＿国道12号線＿旭川（泊）ＰＭ６：00着

８／６→７／30（火）　ＡＭ８：00出発（大雪山）

旭川＿国道39号線＿層雲峡＿国道39号線＿石北峠＿国道39号線＿北見＿国道243号線＿美幌（美幌峠）＿国道243号線＿屈斜路湖＿地方道52号線＿川湯（泊）　ＰＭ６：00着（川湯温泉）

８／７→７／31（水）　ＡＭ８：00出発

川湯＿地方道52号線＿摩周湖＿地方道52号線＿弟子屈＿国道241号線＿阿寒湖（まりも）＿国道241号線＿足寄＿国道241号線＿士幌（ラベンダー）＿国道241号線＿帯広（泊）　ＰＭ６：00着

８／８→８／１（木）　ＡＭ８：00出発

帯広＿十勝清水＿国道274号線＿日高＿国道237号線＿門別＿国道235号線＿苫小牧（泊）　ＰＭ５：00着

８／９→８／２（金）　ＡＭ８：00出発

苫小牧＿（木材・パルプの町）＿苫小牧港ＡＭ11：00着

苫小牧港　ＰＭ２：00出港＿日本沿海フェリー（ライラック丸）所要時間32時間　（船中泊）

８／10→８／３（土）

東京港　ＰＭ９：00着＿＿東京都墨田区（百花寮）ＰＭ10：00着

コース担当者

第２弾「北海道一周の旅」ご案内

記

日本一周めざした第１弾の「東北一周の旅」はお疲れさまでした。第１弾に続き、第２弾「北海道一周の旅」の実施に向けての日程のご案内です。

１、日　　時　　1974年８月２日（金）～ ８月10日（土）　９日間
２、場　　所　　北海道半周
３、参 加 者　　６名、男性４名、女性２名
　　　　　　　　【敬称略】木村（忠)、木村（功)、武井、川津、森園、沼井
４、車両２台　　スバルＲ２、排気量360cc、ホンダＺ　排気量360cc
５、コ ー ス　　（別紙コース図・案）参照
６、費　　用
①車燃料代　¥100／ℓ　で計算
１日平均350km走行として、10km／ℓ　走行、
350km÷10km／ℓ＝35ℓ（１台）　35ℓ×２台＝70ℓ（１日走行）
70ℓ×¥100／ℓ＝¥7,000（２台分）¥7,000÷６名＝¥1,167（小数点以下四捨五入）
【※９日間のうち１日はフェリー船中の為、走行しない】
¥1,167×８日間＝¥9,336
一人当たり燃料代、¥9,336
②昼食　一日一人当たり¥300（おやつ代含む）として、
¥300×８日＝¥2,400
フェリー内昼食料金¥500
昼食　一人当たり¥2,900　（９日間）
【※第１日目は夜行出発の為昼食は含まれないが、おやつ代とする】
昼食　一人当たり合計　¥2,900（９日間・おやつ代含む）
③宿泊
民宿………（１泊２食）¥2,000 ×　３泊 ＝ ¥6,000（一人当たり）
旅館………（１泊２食）¥3,000 ×　１泊 ＝ ¥3,000（一人当たり）

キャンプ…（自炊）　　　¥　500　×　３泊　=　¥1,500（一人当たり）
【※女性は基本車中泊とする】
¥6,000　+　¥3,000　+　¥1,500　=　¥10,500
宿泊、一人当たり¥10,500
【※第１日目は夜行走行の為、第８日目は船中泊の為宿泊はない】

○内訳（案）
８／２（金）
¥1,167（燃料代）+¥　300（おやつ代）　+　　　　　　　　=¥1,467
８／３（土）
¥1,167（燃料代）+¥2,000（民宿代）　　+¥300（昼食代）=¥3,467
８／４（日）
¥1,167（燃料代）+¥　500（キャンプ代）+¥300（昼食代）=¥1,967
８／５（月）
¥1,167（燃料代）+¥2,000（民宿代）　　+¥300（昼食代）=¥3,467
８／６（火）
¥1,167（燃料代）+¥2,000（民宿代）　　+¥300（昼食代）=¥3,467
８／７（水）
¥1,167（燃料代）+¥　500（キャンプ代）+¥300（昼食代）=¥1,967
８／８（木）
¥1,167（燃料代）+¥3,000（旅館代）　　+¥300（昼食代）=¥4,467
８／９（金）
¥1,167（燃料代）+¥　500（キャンプ代）+¥300（昼食代）=¥1,967
8/10（土）
¥500（昼食代）【船中泊・移動のため】=¥500
一日当たりの経費予算（案）合計　　　　=¥22,736

④高速道路通行料金、埼玉県（岩槻IC）－栃木県（矢板IC）間
¥700（１台）
¥700×２台=¥1,400　¥1,400÷６名=¥234（小数点以下四捨五入）
一人当たりの高速道路通行料金、¥234
⑤カーフェリー料金（行き）　青森県（大間港）－北海道（函館港）

車両運送費¥1,650（１台）　　乗船料金¥300
【※運転手１名の乗船料金は車両運送費に含まれる】
車両運送費¥1,650×２台＝¥3,300（２台分）
乗船料金¥300×４名＝¥1,200
¥3,300＋¥1,200＝¥4,500（車両運送費２台＋乗船料金計）
¥4,500÷６名＝¥750
青森県（大間港）－北海道（函館港）　　一人当たり¥750
⑥カーフェリー料金（帰り）　北海道（苫小牧港）－東京都（東京港）
車両運送費¥5,000（１台）　乗船料金¥6,000
【※運転手１名の乗船料金は車両運送費に含まれる（２等船室使用）】
車両運送費¥5,000×２台＝¥10,000（２台分）
乗船料金¥6,000（２等船室使用）×４名＝¥24,000
¥10,000＋¥24,000＝¥34,000（車両運送費２台＋乗船料金計）
¥34,000÷６名＝¥5,667（小数点以下四捨五入）
北海道（苫小牧港）－東京都（東京港）　一人当たり¥5,667
○一人当たりの「北海道の旅」費用予算
合計　¥9,336+¥2,900+¥10,500+¥234＋¥750＋¥5,667＝¥29,387
一人当たりの「北海道の旅」費用予算合計　¥29,387

７、器材・持ち物確認

【連帯準備するもの】

・救急用具一式、カメラ、歌集、地図類、貴重品バッグ、寝袋、テント、ラジウス（２個）、コッヘル（２個）または飯盒、食器、ギター、カセットテープレコーダー。

【個人準備するもの】

・保険証、洗面具、着替え、雨具、チリ紙、BOOK（読書等）、筆記具、ポケットマネー（無理しない程度）、→出費は基本的に会費からにします。

企画担当者

四国一周の旅

メンバー

- 木村 功
- 木村 忠二
- 武井幸次
- 川津茂夫
- 佐藤治代
- 関 正子
- 門井京子
- 小森郁子

日本一周実現 四国めぐりの巻（シリーズ№1）

1974年12月3日（火）

ともに旅を続けてきた仲間の皆さん。また新たに参加されようとする仲間の皆さん、寒さにもめげず元気に活躍のことと思います

70年代後半の大政治戦が日を追って熾烈になっている中で、私たちは現実の生活をもう一度よく見つめ人間らしい、明るく住みよい豊かな社会を求めたときに、この日本の未来を左右する大政治戦をいささかでも軽視することはできないでしょう。

こうした中で日本一周をめざしスタートして以来、今回で第3弾である四国一周も日程迄あとわずかになりました。この間準備者（互選）を中心に過去の教訓をはなし、「安くて、安全な楽しい旅の中で意義ある人生を」をスローガンに検討してまいりました。

今回貴重な時間を繰り合わせて参加される皆さん一人一人がこのスローガンをより理解され、主人公であることを自覚し、ともに協力しあい、素晴らしい旅をしたいと思います。ここに若干の報告（案）を記しますがコース内容等の運営に関して、後日参加者で打合せをしますので、ご出席願いたいと思います。

●日　　時　1975年4月27日（日）～5月5日（月）
●集合場所　百花寮
●集合時間　1975年4月27日（日）PM9：30（厳守）、PM10：00　出発
●費　　用　一人1日¥5000
●コ ー ス　神奈川県、静岡県、愛知県、三重県、奈良県、大阪府、和歌山県、香川県、愛媛県、徳島県、高知県、etcをめぐり、片道は基本としてフェリーを利用する。
●現在、参加者の確約を募っています。参加者は基本として積み立て方式をとり、無理しないで費用を集めていきたいと思います。
また、詳細については後日、数回打合せをして、今までの教訓を生かしたいと思います。

参加者は内容的にもよく考えておき、打合せの時活発に出していただきます。

それからこの旅行を取り組む中で私たち自身の生活向上のあらゆる行動を積極的に進めよう！

●参加の返事は早めに木村まで連絡下さい。

企画担当者

四国めぐり（シリーズ№3）

1975年3月7日（金）

ともに旅を続けてきた仲間の皆さん。また新たに参加されようとする仲間の皆さん、寒さにもめげず元気に活躍のことと思います

70年代後半の大政治戦が日を追って熾烈になっている中で、私たちは現実の生活をもう一度よく見つめ人間らしい、明るく住みよい豊かな社会を求めたときに、この日本の未来を左右する大政治戦をいささかでも軽視することはできないでしょう。

こうした中で日本一周をめざしスタートして以来、今回で第3弾である四国一周も日程迄あとわずかになりました。この間準備者（互選）を中心に過去の教訓をはなし、「安くて、安全な楽しい旅の中で意義ある人生を」をスローガンに検討してまいりました。

今回貴重な時間を繰り合わせて参加される皆さん一人一人がこのスローガンをより理解され、主人公であることを自覚し、ともに協力しあい、素晴らしい旅をしたいと思います。ここに若干の報告（案）を記しますがコース内容等の運営に関して、後日参加者で打合せをしますので、ご出席願いたいと思います。

1、日　時　1975年4月27日（日）～5月5日（月）　9日間
　　※　今回も途中で合流があります。（5月1日より）
2、場　所（コース）　・主として四国、その他コースの途中。
3、参加者　・11名（3月7日現在。氏名は略）
4、会　費　・旅行を前半（Aとして）、後半（B）に分ける（詳細は別途）

A（一人当たりの総額）
○￥147000（フェリー旅客運賃、車輌）
○￥5950　（ガソリン代）
○￥6300　（夕食、コンパ、雑費）
○￥9900　（民宿、キャンプ）

B（一人当たりの総額）
○￥10560　（フェリー旅客運賃）
○￥5950　（ガソリン代）
○￥3200　（夕食、コンパ、雑費）
○￥5800　（民宿、キャンプ）

A計 ￥36850（最低これだけかかる）
※申込金　一人 ￥10000
残金 ￥26850
￥26850÷７日間として=￥3836
一日あたり ￥4000

B計 ￥25510（最低の費用）
※申込金　一人 ￥10000
残金 ￥15510
￥15510÷４日間として=￥3878
一日あたり￥4000

5、内容

・要望としては内容の中に討論とか学習（どんなことでもよい）算出していますが後日打合せがある時に気軽に出してください。

6、運営組織

・旅をより楽しくするため全員が適切な任務分担を持ちたいと思っています。

・総責任者、サブ責任者、コース責任者、財政、衛生・救護、食事、文化交流担当など。

7、参加車両数、３台

会費詳細

○フェリー

（往）５ｍ未満　￥1500
５ｍ未満　￥1500
３ｍ未満　￥1100　　￥4100
￥4100÷11＝￥400

（復）５ｍ未満　￥19000
５ｍ未満　￥19000
３ｍ未満　￥13000　　￥51000
￥51000÷11＝￥5000

○旅客運賃

（往）２等を使用　11名
※打ち名運転者は無料、
従って８名分
￥500×８名÷11名＝￥360

（復）特２等を使用　11名
※打ち名運転者は無料、
従って８名分
￥6600×８名÷11名＝￥4800

○ガソリン（東京－明石）約800kmと仮定

7km／ℓ　1台　→　800m÷7/ℓ＝115ℓ

115ℓ×¥115/ℓ＝¥13200/（レギュラー）

13km/ℓ　1台　→　800m÷13/ℓ＝54ℓ

54ℓ×¥125/ℓ＝¥6750/（ハイオク））

（¥13200/×2台）＋　¥6750＝¥33150

¥33150÷8名＝¥4140

○走行距離及びガソリン　　走行距離は1日、200kmとする。

イ、カリーナ、マークⅡは　7km／ℓ　（レギュラー、1ℓ→¥115）

ロ、ホンダZは　　　　　13km／ℓ　（ハイオク、1ℓ→¥125）

（イ）200km÷7／ℓ＝30ℓ、　30ℓ×¥115＝¥3500、

¥3500×2台＝¥7000、

（ロ）200km÷13／ℓ＝16ℓ、　16ℓ×¥125＝¥2000、

計¥9000÷11名　＝¥850

○宿泊（キャンプ）

4／27（日）、【28（月）】、29（火）、30（水）、【5／1（木）】、2（金）、

【3（土）】、4（日）、5／5（月）、【民宿泊】3日間、他はキャンプ

A　（¥2500×3泊）＋（¥800×3泊）＝¥9900（民宿、キャンプ）

B　（¥2500×2泊）＋（¥800×1泊）＝¥5800（民宿、キャンプ）

民宿1泊¥2500、　キャンプ1泊¥800（夕食1食¥500、朝食1食¥300）、

昼食、コンパ、雑費

A　¥6300　【¥900×7日】（昼食¥400、コンパ・雑費¥500）

B　¥3200　【¥900×3日+¥500】（昼食¥400、コンパ・雑費¥500）

ガソリン

A　¥5950　（1日¥850×7日）

B　¥3200　（1日¥850×7日）途中から参加でも同じ

フェリー旅客運賃、ガソリン代

A・B共、【往】フェリー輸送費　　¥400（東京―淡路―徳島）

【往】フェリー旅客運賃　¥360（東京―淡路―徳島）

【復】フェリー輸送費　　￥5000（高知—東京）
【復】フェリー旅客運賃　￥4800（高知—東京）
Aのみ、ガソリン　￥4140（東京—明石）
A参加の場合、合計￥14700
B参加の場合、合計￥10560

［連絡］

・B参加（後半）の人たちには（往）旅客運賃は旅行終了後返戻支払いする。
・ガソリン代（東京—明石）以外はすべて割り勘にする。
・フェリー代金（車貨物、旅客）は割り勘にしました。
・３月中に参加者の第一回会合を持ちますので、万障繰り合わせ出席を！
・申込金（￥10000）は準備の都合がありますので、3月21日迄に木村（忠）宛まで納入して下さい。

［器材］　連帯準備するもの、

・救急用具一式、カメラ、歌集、地図類、貴重品バッグ、寝袋、テント、ラジウス（２個）、コッヘル（２個）または飯盒、食器、ギター、カセットテープレコーダー

［持ち物］

・保険証、洗面具、着替え、雨具、チリ紙、BOOK（読書等）、筆記具、ポケットマネー（無理しない程度）→出費は基本的に会費からにします。

以上、報告致しますが、今後の中で協議しつつ内容等検討しますので、積極的な意見をお互い出し合うようにしてください。

企画担当者

四国の旅（シリーズNo.９）

1975年３月22日（土）

参加者数が変更しましたので、特に財政的な面で修正が生じました。改めて報告いたしますのでよろしくお願いします。

○　フェリー代（カリーナ、マークⅡ）

（往１）明石 ⟶ 淡路島 ⟶ 徳島

１台目、カリーナ（５m車両）￥1500

２台目、マークⅡ（５m車両）￥1500

計　￥3000

※　￥3000÷８名＝375（下１桁四捨五入）￥380　　一人当たり￥380

（往２）高知 ⟶ 東京

１台目、カリーナ（５m車両）￥19000

２台目、マークⅡ（５m車両）￥19000

計　￥38000

※　￥38000÷８名＝4800　　一人当たり￥4800

○　フェリー、旅客運賃代

（往１）明石 ⟶ 淡路島 ⟶ 徳島【２等使用】

運転者２名は乗船券不要　乗船券対象者５名分

５名分約￥500×５名＝￥2500

（※１名分は旅客運賃は事後考慮する。）

※　￥2500÷８名＝320　　一人当たり￥320

（往２）高知 ⟶ 東京【特２等使用】

運転者２名は乗船券不要　　乗船券対象者（特２等）６名分￥39600

※　￥6600÷６名＝39600　　一人当たり￥4950

○　ガソリン代（カリーナ、マークⅡ共７km/ℓ）とする。

・東京 ⟶ 明石、約800kmと仮定。

800km÷７km／ℓ＝11.5ℓ（小数点以下四捨五入）

11.5ℓ×115円＝¥13300　　¥13300×２台＝¥26600

¥26600÷７名＝¥3800

一人当たり¥3800

・走行距離１日約200kmとすると。

200km÷７ℓ＝30ℓ　　30ℓ×¥115＝¥3500

¥3500×２台＝¥7000　　¥7000÷８名＝¥900

一人当たり¥900

○　宿泊代

・A（全コースの人）

（¥2500×３泊）＋（¥800×３泊）＝¥9900（民宿・キャンプ・etc.）

・B（途中コースの人）

（¥2500×２泊）＋（¥800×１泊）＝¥5800（民宿・キャンプ・etc.）

※　民宿¥2500　　キャンプ¥800（夕食¥500、朝食¥300）

○　昼食、コンパ、雑費代

・A（全コースの人）　¥6300　　（¥900×７日）

・B（途中コースの人）¥3200　　（¥900×３日＋¥500）

※　昼食¥400　　コンパ、雑費１日¥500

○　会費TOTAL

項目　コース別	**A（コースの人）**	**B（途中コースの人）**
ガソリン	¥6300（900×７日）	¥6300（900×７日）
ガソリン（東京－明石）	¥3800	
宿泊	¥9900	¥5800
昼食、コンパ、雑費	¥6300	¥3200
フェリー旅客運賃	¥12100　又は　¥10500	¥12100　又は　¥10500
TOTAL	¥38400　又は　¥36800	¥27400　又は　¥25800

以上の点が、A¥36800　　B¥25800　は最低経費料とし、
用意は　A¥38400　　B¥27400　としてください。

○　参加者

（敬称略・順不同）木村（功)、木村（忠)、川津、武井、門井、小森、佐藤、関、以上８名

※　（連絡）

３月中に参加者確認、コース、その他検討のため一度打合せを行いますが、４月に入って忙しいなかではありますが全員集合して打合せを１～２回行います。万障繰り合わせて出席願います。

企画担当：木村（忠）

四国の旅（まとめ編）

1975年４月15日

きびしかった寒さも過ぎとうとう春がやってきました。春は私たち人間に新鮮さを感じさせ、行動しやすい環境にしてくれます。自然はタンポポをはじめ様々な草花が咲きみだれていることでしょう。

私たちが、東京、大阪等で革新の座を守り、人間の住む春をともに作るため後半の政治戦をさらに奮闘しましょう。

さて、いよいよ四国の旅の開始まで残すところあとわずか、今日まで進めてきた内容をまとめお互いの認識にして下さい。尚会費の点で、特にフェリーの費用が57％ほど当初よりUPし大幅に改訂します。ご了解ください。

１、日　　時　1975年４月27日（日）～５月５日（月）　約９日間
２、場　　所　（コース）、四国、東海の一部。
３、集合場所　百花寮
４、集合時間　４月27日（日）PM１：00【厳守】、出発PM１：30
　・荷物の整理等ありますので、可能な限り早めに集合して下さい。
５、参 加 者　８名（男性４名、女性４名）
　（男性）木村〈忠〉さん、木村（功）さん、武井さん、川津さん
　（女性）佐藤さん、関さん、門井さん、小森さん
６、会　　費　一人（A）￥47,200　～　（B）￥47,400　（合計です）

※資料
フェリー（サンフラワー）車両１台￥26,500
フェリー（サンフラワー・特２等）旅客一人￥10,900
【往】フェリー　￥21,100
【往】ガソリン　（A）￥2,800（東京－神戸）、（B）￥2,600
　　ガソリン　（全日程分）￥6,300
　　高速料金（東名・名神）￥1,000

宿泊一人　¥9900（内訳：民宿、ホテル¥2,500×３泊）＋（キャンプ¥800×３泊）

昼食・コンパ・雑費一人、（内訳：昼食¥400、コンパ・雑費等¥500）

合計（A）¥47400、　　（B）¥47200

7、器材、持ち物【各自分担】

◎共同　ラジウス（２個）【木村（功）・橘木】、シュラフ（４個）【木村（功）・武井】、グランドシート類（食事の時や休憩時に使用）【木村（忠）】、コッヘル（２個）【木村（功）・川津】、毛布（４枚以上）【木村（忠）・武井】、救急用具一式（車の酔い止め・外傷・頭痛・腰痛・その他）【佐藤】、食器（４セット）【木村（忠）・川津】、カメラ（２つ以上）【木村（功）・木村（忠）・武井・川津】、歌集（世界のうた・８冊）【佐藤】、その他は個人で！

割りばし【川津】、カセットテープレコーダ【武井・川津】、バドミントン【武井】まな板【佐藤】、ギター【武井】、バレーボール【木村（忠）】、包丁【佐藤】、マップ（２冊）【木村（忠）・武井】、トランプ【川津】、しゃもじ【佐藤】、日記帳（２冊）【木村（忠）】、古新聞紙、若干枚【木村（忠）】、おたま【佐藤】、懐中電灯【木村（忠）川津】、これらの用意はそれぞれ聞きます。協力を！

◎個人　洗面用具、タオル、雨具、保険証、免許証、ポケットマネー（程々）、防寒具（セーター類）、着替え、book（読書用）、チリ紙、筆記具

8、コース（概要）

4／27（日）、PM１：00集合、PM１：30出発。4／27（日）は車中泊となる（夜間走行のため）。

※この日は「墨田うたう会」参加したかったが、と思ってもダメ。

向島＿40km＿横浜＿23km＿鎌倉＿25km＿大磯＿20km＿

小田原＿９km＿箱根小涌園＿23km＿元箱根＿23km＿三島＿６km＿

沼津＿23km＿富士（153km）＿25km＿清水（201km）＿11km＿

静岡（202km）＿99km＿豊橋（331km）＿76km＿名古屋（407km）＿210km

__大阪（617km）__40km__神戸（657km）　【※途中で４／28（月）になる】

４／28（月）夜間走行、AM３：00　神戸港着予定。神戸港にて仮眠。（AM８：20発のフェリー乗船準備完了の事）
神戸港（明石）※AM８：20出発__１時間__淡路__10km__門崎__20分__徳島__81km__高松__16km__
五色台キャンプ（山の家にて宿泊）

４／29（火）、起床AM６：45
五色台キャンプ（山の家）※AM８：00出発__18km__丸亀__10km__善通寺__５km__琴平__61km__西祖谷山村__剣山

４／30（水）、起床AM６：45
剣山、小松島又は付近※AM９：00出発__19km__阿南__100km__室戸岬__54km__安芸__35km__高知__107km__五条

５／１（木）、夜間走行、途中５／１になる。この日はメーデー。
※「万国の労働者団結せよ」。時間があったらどこかに参加したいネ。
__９km__小松__31km__今治__35km__北条__15km__松山（松山民宿にて宿泊）

５／２（金）、起床AM６：45
松山（松山民宿にて宿泊）※AM８：00出発__19km__伊予__19km__長浜__19km__保内__19km__八幡浜__19km__宇和島__19km__宿毛（202km）この日は本来「ダルマ」なの。

５／３（土）、起床AM６：45
宿毛（民宿又は旅館）※AM９：00出発__61km__土佐清水__20km__足摺岬__41km__中村__80m__須崎__43km__高知

５／４（日）、起床AM６：45
高知（民宿）※AM８:00出発＿＿＿＿（この一日は四国の旅最後です。ハッスルしすぎないよう楽しみましょう。）＿＿高知港着　PM４：00（厳守）＿＿PM６：00出港。＿20時間＿（船中泊、日付は５／５にかわる）＿＿

５／５（月）、（船中泊）起床AM６：45
＿＿（船中泊）＿20時間＿東京港着　PM２：00予定。

９、注意しあいたいこと

○ドライバーは、交通安全を常に守り、疲れた時（眠気）はすぐ交替しよう。
１号車と２号車はいつも一心同体で行動しよう。

○乗務員は、ドライバーは自然と疲れが増します。大切にいたわる心を注ぎましょう。

○車の中では、行く先々の地理や歴史を話し合い、歌を歌ったり楽しく学びあうことは、お互いの知識を高めることからも大切です。

○自然の草花は、大切なもの、つい手を加えたくなるものですが、身の回りは汚さないようにしよう。

○一人一人がこの旅の主人公です。遠慮をせずお互いが協力し、積極的な行動で有意義な旅を！

○旅の日記は、その時のその人のありのままの姿、スケッチや写真とともに何よりの思い出になります。

○動くときは、忘れ物の無いようみんなで注意しよう。

○時間は大切にしよう。特に出発するとき、前からと予定が変わりますのでご注意を！

○無駄使いはやめ、なるべく会費の中から民主的に使いましょう。

○最初から最後までリーダーを中心に行動し、お互い健康に注意し精いっぱいエンジョイしよう。

○旅先から仲間や友人、家族の人たちに便りを書くよう心がけよう。

以上〈旅の事務局より〉

*　　　*　　　*

この度の四国一周の旅に参加された皆さん、旅はいかがでしたか？　大変お疲れ様でした。
「あっ！」と過ぎてしまう毎日、これではいけないと省みる時があります。日頃働き、活動をしている私たちは人生の一コマから「旅を通じて何かを得ていきたい」と思っても、思うようにいかない今日の時世、独自にプランをたて進めてからもうすでに、東北、北海道、四国と３回を数えました。

この間一度でも参加された仲間に私自身厚い友情と心から感謝をするとともに、今後更に日本一周完遂めざし、残された山陰、山陽、九州一周と最後まで投げ捨てないつもりです。限りないご協力とご援助をお願いします。

旅を終えた皆さんに反省会の場で貴重なご意見を寄せて貰いたく、次の点を用意しましたので、宜しく参加下さい。

○費用の点と使い方。
○コースの点、見どころ等決め方について。(走行距離)
○夜の交流。
○社内の過ごし方。
○食事（朝・昼・夜)。
○任務分担。(適切であったか)
○現地でのエピソード。
○旅の日数について。
○宿泊について。(民宿、旅館、ホテル、キャンプ等があるか)
○旅の取り組み。(積み立て、会合など)
○これからのミニ旅行について。
○残された一周旅行について。
○その他、不十分な点、不満点、良かった点など。

※以上の点などを互いに出し合いたいと思いますんで、意見を持って反省会に必ず参加して下さい。日時と場所は追って連絡いたします。

以上

1975年５月９日（水）
旅行事務局より

上：1975年４月27日、四国にて。手前左から、小森郁子、佐藤治代、その後ろ、木村忠二、門井京子、川津茂夫、関和代、木村功。
下：４月28日、手前左から、川津茂夫、関和代、門井京子、武井幸次、佐藤治代。後ろへ、小森郁子、木村忠二。

1975年４月29日、徳島県祖谷渓にて。前列左から、武井幸次、小森郁子、関和代、木村功。
後列、木村忠二、門井京子、川津茂夫、佐藤治代。

1975年　四国一周の旅　コース案内

４月27日（日）から５月５日（月）にかけての９日間の飛び石連休を利用した四国一周ドライブの計画をたてはじめて以来、コース担当者を中心に「楽しく余裕のある旅」、「無理をしない走行距離」、「むだのない旅行日程」などを基本に、旅行の日程及びコースを計画してきましたが〝四国の旅〟のコースが出来ましたのでお知らせします。

なお、このコースは基本コースですので変更する場合があります。

また、具体的なコースや日程については、旅行当日のなかで全員で話し合って決めたいと思います。

〔東京〕→ 東名高速道路 → 名古屋・京都 → 名神高速道 → 大阪・神戸 → 明石　明石フェリー・明石海峡 → 淡路島〈野島鍾乳洞〉→ 国道２号線 →

1975年５月３日、高知県の足摺海中公園にて。

洲本〈洲本城〉南淡 → 淡路フェリー・鳴門海峡 →〔四国〕鳴門 → 国道11号線 → 高松〈栗林公園〉→ 丸亀〈丸亀城〉・多度津 → 国道317号線 → 琴平〈金刀比羅宮〉→ 国道32号線 → 池田 → 祖谷渓 →　コース２つに

1　池田 → 国道192号線 → 半田 → 穴吹 → 鴨島・石井 → 徳島 →

2　剣山 → 木屋平 → 神山 → 佐那河内 →

合流　小松島 → 国道55号線 → 阿南 → 日和佐 → 牟岐 → 海南 → 宍喰 → 東洋 → 室戸岬 → 奈半利・田野 → 安芸 → 赤岡 → 高知 → 国道56・33号線 → 伊野 → 国道194号線 → 吾北村 → 本川村 → 伊予富士・寒風山 → 西条 → 国道11号線 → 小松 → 国道196号線 → 東予 →〔今治〕〈鈍川温泉〉→ 国道317号線 → 波方 → 大西 → 国道196号線 → 北条 →〔松山〕〈道後温泉〉〈松山城〉→ 国道56号線 → 伊予　コース２つに

1　地方幹線道 → 双海 → 長浜 → 地方幹線道 →

2　国道56号線 → 内子 → 国道197号線で四国カルストへ → 八幡浜 →

合流　保内・伊方 → 瀬戸 → 三崎 → 佐田岬 → 地方道 → 三崎 → 瀬戸 →

保内・伊方 → 八幡浜 → 地方幹線道 → 横尾 → 国道56号線 → 宇和町・吉田 → 宇和島〈滑床渓谷〉→ 国道56号線 → 津島 → 内海村 → 御荘・城辺 → 一本松 → 宿毛〈宿毛湾〉→ 国道321号線 → 大月 → 土佐清水 → 地方幹線道 →〔足摺岬〕 →（伊予駄馬）→ 国道321号線 → 中村 → 大方 → 佐賀 → 窪川 → 中土佐町 → 須崎 → 土佐市 →（新川）→（城山）→〔高知市〕 →〈桂浜〉→ 赤岡 → 野市町 → スカイライン → 竜河洞 → 土佐山田 → 国道195号線 → 南国市〈後免〉→ 高知市 → フェリー乗り場　高知港 ～～日本高速フェリー・サンフラワー　21時間～～〔東京港 〕

能登・北陸・中部一周の旅

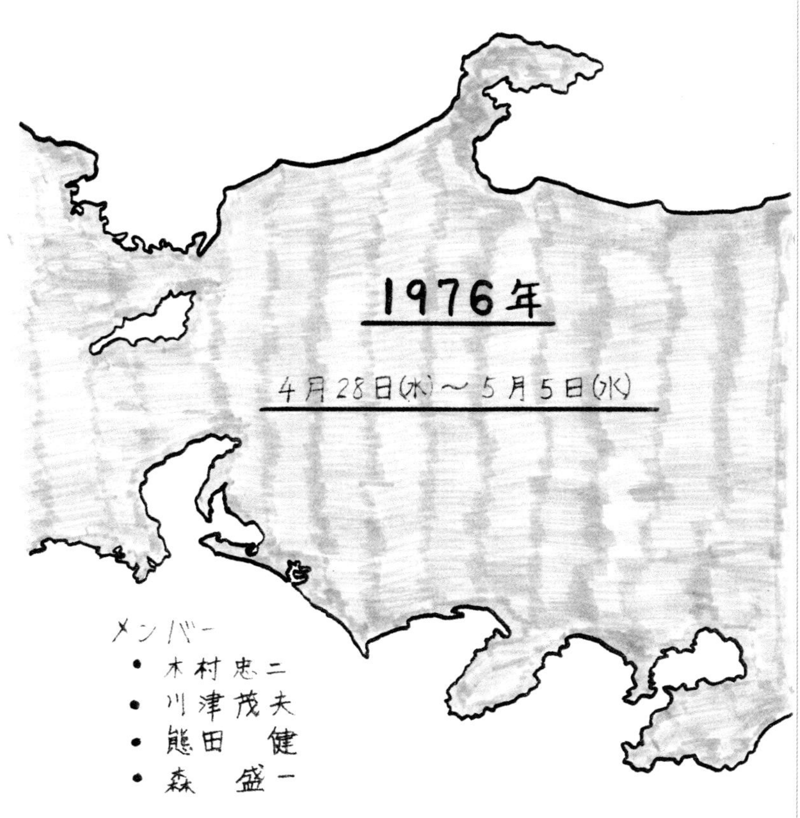
1976年
4月28日(水)〜5月5日(水)
メンバー
・木村忠二
・川津茂夫
・熊田　健
・森　盛一

能登・北陸・中部一周の旅

1976年（昭和51年）４月28日（水）～５月５日（水）　８日間

メンバー　川津茂夫　木村忠二　熊田 健　森 盛一〔50音順〕

４月28日　水曜日　23時出発。39,666km

ガソリン　36.5ℓ　3,830円　首都高速向島入口　250円

午前０時10分頃、森君が「アブラミセが鳴いている」と言った。頭がおかしいのかな。みんな大笑い。中央高速・東京 → 大月　1,000円　ガソリン 2,100円　18.2ℓ　146.7km　8.13km ／ ℓ

４月29日　木曜日

午前２時５分、**甲府市**内のガソリンスタンドにて給油。「ハラ減った」という声。「とにかくトイレに行こうや」と、それぞれ。「ああ疲れた。川津バトンタッチにしよう」と休む。もう多くの人々は寝ているだろう。俺たちは、これからたいへんだ。ゆれる車で旅にでれば♬♪

２時30分、ラーメン代４人分　1,100円。食堂は創価学会の家で、公明党のポスターが貼られてあった（暗い感じの店）。

５時、松本城に着く。

５時30分、ガソリン15.1ℓ　1,810円

８時10分、**中ノ湯温泉**出発。運転手は熊田君。発車オーライ。お腹いっぱい？……でもないが……とにかく出発。釜トンネルをぬけて（このトンネル、上り坂である）、森君がチェーンのことをシャリンと言った。わかるかな？

わかんね～～だろうなァ。

雪がいっぱい。道路にまで雪が進出している。これを略して「雪が路出している」という。河童橋へ行く……と、思ったが、なんとかロッジ。バスターミナルのところで逆戻り。今日はあいにくの雨、雨、雨。♬雨がこつぶの真珠なら～～？

上高地の大正池にて撮影。カメラマンは木村若殿様。白樺の木が多いです。遠くの方からうっすらと見えます。これを人呼んで「ウスラバカ」と言う？

日記をすらすら書ける今日のボク → 川津。文学青年 → 大いに才能を発揮！　雪をかぶった焼岳を撮影。

アチョー、しかし門井さんがいないのが残念？

中ノ湯に戻ってきました。雪を見て森君が歌い出す。♬雪どけ水のせせらぐ音に　なししした〜〜？

野麦峠入口にたどりついたのは午前９時48分。また、ここで道路の工事（残雪、崖くずれのため）で逆戻り。ホントにまいったぜ。

くまとへペレは、自然に愛情をなげかけた。さあ元気を出して、ロングランにスタートだ。

奈川村を右折。雨あがり。♬太陽がにっこり顔を出します。もうすぐ春ですね。彼女を誘ってみませんか？　ネェ、森君。

森君が笹をお茶と言った？　どういう意味かな？

野麦峠林道基点を通過。峠を登っている時、森君が「エロハ坂みたいだ」と言った。

11時15分、**木曽福島**から361号線に入るまで、青年・森はドライバーくまと二人で必死になって住民にたずねていた。俺たち二人はすやすや寝ていたが、その熱心な態度に目を覚ました。二人ほど聞いたところで、ビニールの折り畳みをしている（道路より１mほど高い家で）人に再び、いや三たび聞いた。なんとそこは社会党議員の連絡所である。

この辺は、もう春の装いをしていた。山桜がきれいに、あちらこちらに咲いている。そこを車は一路高山をめざし、富山まで……。

12時15分、昼食の材料を○○ストアで買って出発。少し走ると、木曽御嶽山3,036mの銀嶺がそびえているのが雲間から見えた。

「御嶽山を見たくなった」

森君は東京タワーを336mと言った。アイスクリームを食べていた忠ちゃんが、自分の身体にアイスクリームを落とし、一瞬あわてた。

12時35分、御嶽山の見える、見晴らしの良い所で、ちょうど小さな水が流れていた。そこで、昼食の準備を行なう。今日の昼食、ラーメン。味噌味、塩味、あなたはどちら？　旅行出発後、最初の自炊食事です。

15時５分、昼食及び昼休みを終えて、いざ出発。「シャドル・コック」「シャックリ・コック」この言葉の意味は？

16時45分、**高山市**中心部を通る（バイパス）41号線。みんな疲れているような姿で寝ているのだ。

17時30分、**飛騨杉崎**付近で車のマスターキーを作った。忠さん、にこにこ顔（ガソリンスタンドで500円取られた）。国道41号線を富山市に向かって。

八尾（やつお）の町を通り抜けて、山道に入ってきました。しばらく走ると**山田村**に入ってきた。民宿はどこに？　結局、民宿をあきらめ、旅館「光楽」に泊まることになった。１泊4,500円ナリ。旅館「光楽」に着いたのは20時30分頃。部屋に入ると休憩。すぐに入浴。入浴後食事。食事は22時頃になってしまったのだマンネン。食事をすませ、部屋に戻りテレビを見た。森君の喜ぶ番組が放映されていた。森君の好きな番組とは？？？

明朝７時起床の予定。それまでは、……？　good night　おやすみなさい

４月30日　金曜日　天候　雨

７時、起床。おはようございます。早朝、たぶん６時20分頃、ジーという音、それはなんとテレビが on になっていた。これビックリするではないか……。

夕べ５人で話したことは、お姉さんが小田原生まれで、箱根で働き、その後家出（10年前の昭和40年ごろに）したということ。当時の彼女は、それなりの理由があったのである。富山に着いた後、ここ山田村におちつき光楽旅館に働き、今日に至った訳だそうだ。

神奈川ナンバーの車が通ったり、付近の人たちが旅にくると涙が出て大変だったそうだ。

お姉さん、その当時はどんな理由があったにせよ、いま人間として心身ともに豊かで幸福であればいいのではないか。今後、きびしい人生があることはたしか。がんばって下さい。

さようならー、またいつか逢えたなら……。

10時15分、やっと日本海側、**伏木港**に出た。少し走ったところにくると、静岡ナンバーに乗った（ドライブ）シルビアが前を走っている。それは、女性だけのグループだ。森のやつ、「やっちゃん、やっちゃん」と、今まで何回も呼び続けていたにもかかわらず、「ああ、あのシルビアの中の女よ。俺にチャンスを与えてくれたまえ。ああ、あのシルビアー」と叫んだ。車のナンバーまで控える熱の入れよう。周囲は雨で、全然だめ。ことばの練習。歌、新聞の読み合わせなど、にぎやかに……。

11時５分、**七尾**に入る。まだ、雨が降っている。日石のガソリンスタンドの兄さん、新顔風、いやベテランだ。親切にマップをくれ、案内してくれた。川津君、もう１枚くれませんか……て、遠慮がちに言って、もらう。

11時18分、七尾駅前通過、少し行くと浜野病院前、かなり大きい。穴水の方面に曲がった。

12時10分、中井の所を通過。車の中で来年九州を誘うということで、森君に100点を与える。その中で悪い事があたったら、減点していくも、60点以上あったら合格という話をしながら目的地へ向かった。

13時55分、昼食。レストラン「見付」にて食事。今日のメニュー、さしみ定食　550円ナリ。朝から部分的な雨。♬♬雨が空から降れば　思い出は地面にしみこむ……♬♪♬　を。

雨の日はスピードをひかえ、ブレーキを早めに“安全運転”

「ゆっくり走ろう　能登」

「気をつけよう　運転する人　歩く人」

コレ……能登の交通標語。

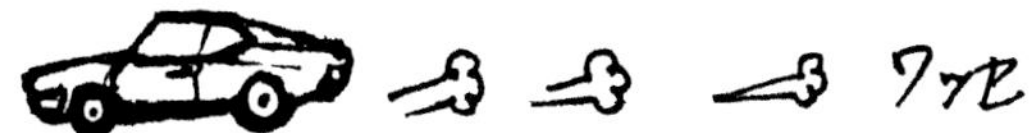

珠洲市街を通り抜けて、珠洲岬へ。蛸島を通過。いよいよ能登半島最突端、金剛崎へ。砂利道と松林の中を車は走る。ガタガタ。

忠ちゃんの大事なお嫁さん？　マークⅡ　わかるかな？　わからね～～だろうな！　あまり砂利道がひどいので、金剛崎へ行くのを中止。引き返して、ふたたび県道へ。

車はいま桜並木の下をスイスイ。能登半島は、桜前線まっ盛り！　車は木ノ浦海中公園へ。

15時、木ノ浦海中公園到着。しかし、何もないので、すぐ出発。

すばらしい眺め、ここは小出浦。晴れていたら、良い眺めなのに……。とにかく、それほどすばらしいのです。いつかきっと彼女と二人で……なんて。真浦トンネル付近で再び白いニッサン・シルビアに抜かれる。七尾付近で一緒に走っていた車ですヨ。再びシルビアと一緒に走る。シルビアには女性がいるのかな？　信号待ちの時、そっと前の車を後ろからながめる。女性らしい人影、もしや……女性では……？

一瞬、森君よろこぶ。いや、立ちあがった。「まてまて」と抑えたが、すでに遅く、車の天井にぶつかった？　「ああ、シルビア、いとしのシルビア」。やっちゃんはもう忘れたのかな。いえ、ホントは心の中にいるかもネ。

16時45分、**輪島市**入り。民宿を探し、そして……。民宿「海辺」に到着。荷物を部屋に入れ、その後夜の交流会の準備。ウィスキー、おつまみ、その他の買い物に出発。

買い物を終え、民宿に到着。買い物の品は、シャンプー、絵はがき、ウィスキー（角１本)、おつまみ（刺身、イカ、ポテトチップ、漬け物等)、ファイル（日記収録用)、プラモデル、以上を買いました。

民宿に帰り、夕食。部屋に戻り、何をしようか。トランプでもしよう、ということで、セブンブリッジを行なうことになった。初めに、セブンブリッジを行なうにあたってのルール、つまりゲーム規則を討議し、決議案を提案。全員一致で採択されました。その後、予選を３回行ない、いよいよ本番（注：予選とはつまり練習のことである)。いよいよ始まった。ベトナム完全解放１周年記念日にちなんだ、このセブンブリッジ大会、さて勝者はだれ？

ゲームも中盤に入り、夕刻買ってきたウィスキーをあけ、つまみを食べながらの大熱戦となった。

時のたつのは早いもの。すでに５時間。終盤戦、第５ラウンドを迎え、各選手ともに疲れを見せずに試合に挑んだ。そして、ついに来た。終盤戦大詰め、８回ウラ。しかし、結果は期待したほどでなく、三者凡退に終わり、試合終了。結果は別紙の記録のとおりです。

しかし、この日だけでなく、この旅行期間中を通算し、正式に順位が決定されるので、ここでは正式に順位を発表することは出来ない。このセブンブリッジ大会についての各賞金、または賞品を紹介すると、１位の勝者には……300万円相当の賞品がプレゼントされるほか、２位の勝者には200万円相当の賞品、３位の勝者には100万円相当の賞品。その他、各賞が各スポンサーを通じて手渡されることになっています。

次回の試合にどうぞご期待下さい。

１時、延々と続いた約５時間の試合もこれで本日終わりです。おやすみなさい。

５月１日　土曜日　天候　曇り

８時、いつものように目覚めは良く、今朝も８時には起床！　おそいのかな？　今日はメーデー。全国的な労働者、勤労市民、一般市民、学生を巻き込んだ統一と団結の日。今年は700万人がメーデーに参加予定とニュースで聞いた。我々も700万人の一人として、この歴史的な日を、労働者の一人として、友情と連帯の意を表わし、心から激励するとともに、ともに闘いに参加する決意です。ともにガンバロー。

10時５分、輪島市の民宿「海べ」を出発する。メーデー会場を知るため県委員会とか、市議会議員の所へ電話をかけて、ようやく会場を知った。また、歩行者にも聞いたら、市民はあまりに関心がないようだ。会場に行っても、みんなが集まっている様子もなかった。

16時20分、皆月を入って門前に至る途中にて（しかも道路上）。昼食を作り、食べることになる。今日はカレーにした。ドライバーのみなさん、必ず何してんだべと、徐行してみていく。何も我々はめずらしいことをしているのではなく、普通の人間なのだ。あっ危ない、対面の車、よそ見運転して正面衝突寸前。左手は杉の山、右手は段々田んぼである。空気はばつぐん。早く出来ないかなー。

17時５分、やっと昼食も終わり、自家製のカレー（ボンカレー）？　オイシカッタナー、ホントカナ？　みんな満足そうな顔をして金沢へと向かう。

門前町街に入る。メーデーの隊列と会う。車の中から激励し、心から連帯と拍手を送った。隊列の先頭には、女性が多かった。メーデーに参加された人々も連帯のあいさつを送っていた。日本海が見えてきました。海があれています。波が高く、しぶきをあげてとんでいます。海一面、白い波でうめられています。

国道249号線を富来町に向かって走っています。

♬ゴ ゴ ゴー　風が鳴いている　ゴ ゴ ゴー♬　風の音がゴーゴーとなっている。

18時45分、**富来町**に入る。今晩は羽咋市中央町の山海荘に１泊することになる。というのも、国民休暇村にするか、どうか迷う。熊ちゃんが訪ねていくと5,000円ほどといわれ、はい、断り、次を探そう……と、しばらく行くと民宿案内の看板発見。３ヶ所選び、近くの酒屋さんに電話を借りて､「はい、ＯＫ」という訳。しかも、時間は午後８時ごろ。夕食がなく、近くで外食。喜楽という焼き肉屋で一杯呑み、いこいの場を過ごす。となりの青年（男女）のうち一人は、青森生まれの両国の病院勤め、一人は茨城の友部生まれ、日立の病院勤めという。深い縁の中で語り合う。

５月２日　日曜日

７時、曇り空の朝、我々は目を覚ます。食堂に行くと、３人で働いていた。新聞によりますと……親子二人で経営しているとかで、一人の可愛い娘ちゃんは手伝いだとか。約10名ほど収容出来る民宿で、愛嬌のいいおばさんである。東京に帰り、民宿の紹介のこと、再び来ることなど、話し合っているうちに、おばさんと我々の間に深い結びつきがはじまり、親戚になろうとまで発展。代表して俺は身辺を紹介。また、来ようと……。

帰りに７名で記念写真を写し、短い時間の中で、あれだけ親しみ深く話せた仲をあとにして、去ってきたのは心残りがする。彼女、しーちゃんという名できれいな娘でした。おばさんは、我々に逢った時からおもしろい、いい青年だと（うぬぼれてはいないヨ）言いながら笑いっぱなしで、最後には、胸を抱えて笑っていた。俺は「別れがつらくなるから、ここでいい」と言うのに、どこまでも見送る状態。１～２回手を振りながら別れてきた。印象的だった。

山海荘を出たのは、９時20分も回った。少し行くと**千里浜海岸**に出た。この海岸は日本で唯一の砂浜走行可能でなかなかの気分。海岸のドライブイン（仮）にて、どこでもねえちゃん手を振って我々を呼んでいる。ドライバーの川津、いい人（女）がいたところを見て、「ああ、ここがいい」と……。焼き貝を食べ、再び出発。

あっ、すごいこんなに女の子にもてたことはない……。「あの娘可愛いや、カンカン娘」などと、歌は出なかった。

14時30分頃、道路（行先の）で、農家の人に場所を聞いたら、親切に教えてくれた。この人たちは、ちょうど田植えをしていたので、農作業風景をカメラでパチリッ！

13時45分、**安宅の関**に到着。森君が「トイレ、トイレ」と騒いでいた。安宅レストランへ入り、月見うどんと蕎麦を食べる。レストランの外で、忠ちゃんの好物「いか」を買い食べる。これで今日昼食をすませた。安宅の関の像の所で写真を１枚！

14時15分、関跡を見て出発。**加賀市**に入る。加賀駅前を右折、車は一路芦原町へ向かって、Let's go。

15時10分、**芦原町**に入る。305号線を右折。305号線をはなれ、東尋坊へ向かう。

15時40分、**東尋坊**着。雄島へ歩いた。雄島へ渡ったが、記念写真を写して、すぐに引き返し、車に戻った。

17時30分、三国町で老人に越前岬に行く道を聞いた。その途中で大きな川を渡った。九頭竜川という川だった。235km

19時40分、国道８号線を敦賀に向かって走行中、敦賀の約10km手前、左側に民宿を発見！　ちょっと行きすぎて……戻った。そして、食事と宿泊料を聞いて、ようやく宿泊を決意。民宿の名前は「おもや」。80歳になるおじいさんが出てきて、東京は良く知っていると……東京の地名をいくつかペラペラと話した。民宿に入り、荷物を入れると、食事をしていた青森県八戸から旅行に来ていた家族連れの人々と会い、話がはずみ、青森のなまりのある表現で笑いをふくんだ楽しい語らいが行われた。

それから、「食事が済んでないので」と言ったら、民宿直営のレストランに送って行ってくれると言うので、行った。迎えに来てもらったら、それは「おどろき」、軽自動車のトラック中古で二人乗りの車で、前に３人乗って、荷台に二人乗って行った。その後で、おじいさんと話しながら、天皇や中曽根や、田中や、政治の事を話された。「私は、いつもテレビの国会中継を見ている」と、政治の事は何でも知っていると言っていたが、さすがにロッキード疑獄事件の事は頭にきている。あんな事は絶対に許されないと言っていた。

その後、布団を敷いて、寝る準備をして、４月30日以来２日ぶり、２度目の大試合。セブンブリッジが行なわれた。前回同様、熱戦をくりひろげ、３ラウンドが行なわれた。途中、民宿のおじいさんから、娘の部屋のカギがこわれたので、直してほしいという要望があったので、さっそく手伝いに行った。（娘さんが美人だったので、大喜びで木村忠ちゃんと森君が行った。）そのため、試合は一時中断したが、その後続行！　延々と続いた試合も終了。即、睡眠に入った。おやすみなさい。

5月3日　月曜日　天候　曇り

７時15分、起床。４人とも気分よく朝をむかえる。鈴木澄子さんと川上恭子さんにハガキを書く。

８時30分、出発。いや、ちがう。８時30分に部屋を出たが、荷物が多いため（宅配で）送ろうと荷づくりを始めた。森君は奥さんと掃除、忠さんは庭にある夏みかんとり、くまちゃんと白くま（あっ、これ北海道以来のニックネーム・川津）はおじいちゃんと３人で荷づくりをしていた。届け先は森宛、筆者は記念に……と、おじいちゃん。記念写真を撮って朝めし食いに、「おもや」というドライブイン＝民宿で朝食を10時にとり、おふくろさんと写真写し、10時30分に出発した。追伸、おじいちゃんに『日本の黒幕』を上・下巻プレゼントした。

13時、ここは**上中町**、これより今津に向け、ドライバーは白くま。森は夕べ民宿の部屋で、夜中の２時過ぎまで寝られなかったと、語る。何かの声や音を聞いてしまったとか､うるさく言う｡早くプラモデルを完成させろと言っても、まだ忘れないと、異様な趣で語っていた。

13時10分、**滋賀県**に入る。この辺は日本海から約10km程入った山あいである。

13時30分、**今津市**の所を走行中に日本共産党書記局長・不破哲三の演説会のポスターがあった。

琵琶湖が見えてきました。猪苗代湖付近に似ています。

14時５分、**琵琶湖畔**にて休憩。コーヒー、甘酒、お茶を飲み、夏みかんを食べて……。

15時45分、休憩を終えて出発。志賀町に入る。交通標語「縮めれば　命も縮む　車間距離」。この辺りは琵琶湖を一望しながら走っています（車が)。雨が降ってきた。

堅田サービスステーションで給油。今まで224.1km走行。26.5ℓ給油。ℓ当り8.4566km。国道27号線をはなれ、比叡山ドライブウェイへ。

17時22分、**京都府**に入る。

17時30分、比叡山頂着。

17時38分、比叡山頂発。

19時20分、今、夜空は雨が降っている。国道８号線を走っていると、一人の若い女性が雨に濡れ､ダブルキックに乗って走っている。それを見て僕は、その女性を哀れだと思った｡だが､僕はその女性に傘を貸してあげようと思ったが、女性はいなかった。以上（森)。

車は**近江八幡市**に入り､国道８号線を左折､一路国民休暇村へと向かった。辺りはもうすっかり暗くなっています。

国民休暇村着。宿泊できるかどうか聞いてみたら、満室だそうなので、ここをあきらめ民宿か旅館を探すことにした。長命寺を過ぎると、民宿「富士」があったが、そこも満員。そこで、もう少し先へ進み、近江八幡駅方向へ向かうことにした。

少しまた進み走ると、左手に広告板があったので、そこで止まって左手にある旅館らしい建物を発見。入ろうか？　入るまいか？　迷いながら、聞いてみることに決定！　車を玄関に進めた。熊ちゃんが宿泊を交渉、宿泊することになった。宿泊料4,500円。意外ときれいな建物である。荷物を持ち中に入ると、すぐに部屋に案内されて部屋に入り落ち着いた。それから、すぐに夕食。ここの夕食はなんと2,500円だそうだ。民宿と大違い。早速いろいろと食事の準備で運び込まれた。食事の用意をしてくれる女性が、品質管理の山崎に似ていた。

ビールを５本たのんだ。ビールを静かに飲んでいると、どこか別の部屋で歌声が聞こえはじめた。どこかで宴会をやっている。よし！　こちらも負けずに！……というわけで、４人ではあったが、労働歌、青春歌などを歌い始めた。

食事を終えて、入浴。二人ずつ入るので、あとの二人はテレビのある部屋で本を読んでいた。小さい子供さんがいたので、その子と一緒にボールで遊んだ。最初その子もなかなかおとなしく話さなかったが、遊びに慣れてくるうちに、話すようになってきた。それから入浴、そして睡眠。

5月4日　火曜日　天候　雨

7時、起床……（起こされて起きた）。

8時、朝食。

8時47分、旅館を出発。安土町にて、通りがかりの自転車に乗ったおばさんに聞いてみた。「あの～～安土城はどこにあるのですか？」

「それなら、この道を戻って、山を上がるところを左に入っていくんですヨ」と言った。

結局、城跡を見ることをやめ、彦根市に向かって走り始めた（9時5分）。

車は**彦根市**に入りました。車は彦根城に向かって走っています。

9時40分、彦根城駐車場。彦根城見物。彦根城の門の所で女性二人に写真を撮ってあげた。そして、石段を降りながら話しかけたら、何と千葉県の習志野から来たということである。何となく、他人とは思えない。石段を降りて、城内案内図を城の入り口の所で見ていると、後ろからその二人の女の子が声をかけてきた。

「駅まで乗せて行ってもらえませんか」

その時森君は、「俺ここで待っているから、乗せて行ってきな」と忠さんに言った。

結局、女の子二人も「ああ、4人ですね」と言って、無理だなという感じで歩き去った。

10時30分、彦根城出発。地方幹線道を彦根市街から離れて、北方向へ逆戻り。国道8号線に入り、再び彦根市街へ、彦根市街を後に米原町へ。

米原町に入りました。米原町を通り抜け、国道8号線を左折、国道21号線へ入りました。名神高速道路が右手に見えてきました。

11時38分、関ケ原町に入りました。車は不破郡に入る。

11時55分、**大垣市**に入る。墨俣町を通り抜け、長良川を渡る。

12時10分、岐阜市に入る。岐南町を通り抜け、再び岐阜市に入る。国道21号線を走っています。各務原市に入る。山あいの中に入ってきました。右側に犬山城が見えてきました。山あいをぬって、右手に木曽川が見えてきました。

13時、木曽川を右手に車は日本ラインに向かう。少し行くと木曽のドライブイン（民芸店）に着き、食事をしようとしたら、高級レストランのためやめにして、ここでは土産品を買い、500mほど行ったところで木曽ソバを食べることにした。食べ終えたのはちょうど午後2時である。**美濃加茂市**に入り、木曽川にかかっている大田橋を渡ったのは2時15分であった。この辺に来ると空は曇っているが、雨はやんでいた。また車も混んできた。森は完成まぢかのスカイラインを前に喜んだ、まるで7～8歳の子供のようである。それにしても工数がかかりすぎだ。

ガソリン33ℓ給油　272.6km　8.26km／ℓ

16時30分、**愛知県岡崎市内**の日本共産党西三地区委員会の所（国道248号線）に出合わせた。赤旗乙部と政策ビラを購読した。

車は**豊川市**に入りました。市電が走っています。走っている市電をカメラでパチリ。なつかしいです。

国道１号線を走って一路東京へ。

17時55分、ドライブイン汐見坂着。

18時５分、ドライブイン出発。太平洋が見えてきました。浜名湖の入江が右手に見えてきました。浜名バイパスの大橋を右手に通り過ぎ、浜松市街に入りました。**浜松市**、今日はお祭りのようです。駅前通りは人だらけです。見物人が多くいます。偶然に出会ったお祭り。駅前の広い通りいっぱいに両端の歩道に群衆の人盛り。ちょうど青森のねぶたや秋田の竿灯祭りのようです。人の間から必死になって見物。しばらくして、食事に行こうということで、食事にいった。「レストラン松本」にて食事。メニューはさしみ定食と海老ピラフ。

食事を終えて浜松駅構内の売店にて職場などに持っていく土産を買った。職場の人や回りの信頼をもって旅行に行くとやはり土産はつきものだなァ～～？　いくらお金があっても、土産品の値段の高いことや、土産を渡す人のことを考えるとあれこれ迷い、買って、結局お金を使ってしまう。これも、渡世の義理と人情の男の道を歩く旅がらすへの世間の風の冷たさなのでしょうか？　と、心に想いながら、今夜も夜風がすっと肩を通りぬける。我ら旅がらす！　ちょっとキザでござんしょうかねェ！

21時20分、木村忠ちゃんの妹さんが浜松にいるということで、電話した。近藤紡績の寮にいるということだ。妹さんに駅前のくだもの屋さんでイチゴとバナナを土産に、妹さんの所へ向かった。

21時30分、駅前駐車場（30分ごとに100円――一律800円）を出発！！　妹さんの寮がみつからないまま浜松市を抜け、天竜川を渡ってしまい豊田町に入ってしまった。そこで、もう一度寮へ電話した。そして、もう一度天竜川を渡り引き返した。立体交差点を右折、しばらく行くと近藤紡績の案内板があった。そこを左折、近藤紡績をさがしながらゆっくり走って、「まだかまだか」と言いながら進んだ。しばらく走って、右手に大きな工場門があった。「ここかな」と疑惑を持ちながら、その門から出てくる社員に聞いてみたら……、「ココです」と言ったので、守衛に忠ちゃんが話しかけ、電話で呼び出してもらい、守衛室の隣の応接室にて面会した。一番上の子が先に来たが、しばらくすると、下の妹二人が来た。

23時25分、面会を終え、３人の美女に見送られ近藤紡績を出発。

23時50分、車は掛川市に入る。

５月５日　水曜日

０時18分、金谷バイパスに入ったところで、忠ちゃんと森君がトイレ。

０時25分、大井川を渡り島田市に入る。藤枝市に入る。前を走っていた大型トラックに追い越しをかけた乗用車が、そのトラックに脅しをかけられ追いかけられていた（追い越し禁止だったため）。

０時55分、**静岡市**に入る。静岡市街を通り抜けて、一路清水市へ。後ろの席に座っていた木村忠ちゃんと森君は、鼻から提灯を出してグースーと眠りこけていた。

１時９分、静岡駅前通過して、沼津通過。工業地帯の夜景が美しいです。三島市に入りました。三島市を通過し箱根の峠の手前のコーヒー・ショップで休憩。

２時30分、コーヒーを飲む。

２時55分、コーヒー・ショップ出発。これから箱根の山登り。

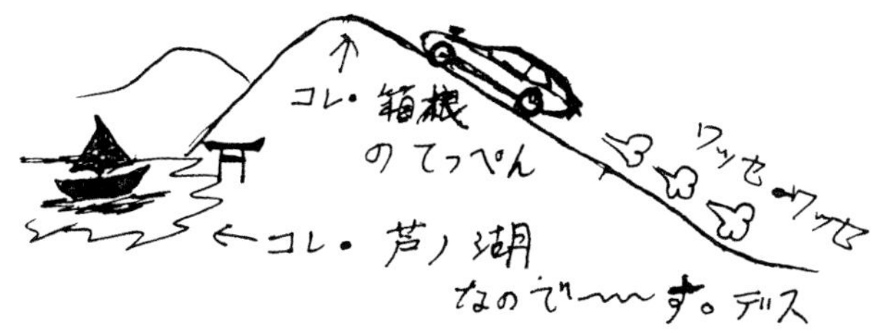

箱根、濃霧発生。走行注意。すごい霧です。５m位しか見えない？　箱根峠で道をまちがえＵターン、十国峠に入って……ここもすごい霧です。十国峠を越えて熱海へ。眼下に熱海の町が見えてきました。熱海の町に入り海岸

へ。しかし、海岸に出ても夜景は良くないのですぐに引き返し、国道155号線に入り小田原へ。小田原市街を通り、国道１号線へ。平塚市、茅ケ崎市と通り抜け、横浜へ……。横浜市街を通り、品川区へ入り首都高速へ。首都高速向島出口を出て、右折。地蔵坂交差点を左折。

７時、百花寮着。予定より約12時間早く到着。東京地方、今日の天気、曇りです。やっと、能登半島・北陸の旅を終えて、９日間事故もなく無事に帰ることができました。

これで９日間の全日程を終了、よってこの日記をこれで終わりです。ではバイバイ。

到着時の距離計は41,740km、全走行距離（能登・北陸一周）2,074km。

参加者　木村忠二、熊田 健、森 盛一、川津茂夫

参加費内訳

参加費　一人当たり　50,000円

支　出　一人当たり

ガソリン代（１ℓ=120円　１ℓ＝８km走行として）

総走行距離

2,074km　÷　8km　×　120円　＝　7,777.5円　約7,800円

宿泊費　（１泊２食）4,000円×５泊＝　20,000円　約20,000円

高速道路代	首都高速（向島→高井戸）	250円	
	（羽田→向島）	250円	
	中央自動車道（高井戸→大月）	1,000円	
	京浜道路（横浜→羽田）	200円	
有料道路代	能登海浜道路	450円	
	比叡山ドライブウェイ	400円	
		計2,550円	約640円

食事代　500円　×　８日間　＝　4,000円　約4,000円

予備費（宿泊費補助、食事代補助、電話代、コンパ代、フィルム代、小遣い、その他）

1,000円（１日分）×　８日分　＝　8,000円　約8,000円

支出合計　約41,000円

差引残額　50,000円　－　41,000円　＝　9,000円　予算に対し9,000円の黒字

能登・北陸・中部一周旅行概要

日時：　1976年4月48日　水曜日　23時（百花寮出発）～
　　　　　　5月5日　水曜日　7時（百花寮到着）
日数：　8日間

総走行距離：　2,074km（一日平均走行距離　8日間　約259.3km）
使用車種：　コロナマークⅡ　HT2,000cc－6気筒
総経費：　一人当たり　約41,000円

メンバー：　木村忠二、川津茂夫、熊田 健、森 盛一
任務分担：　木村忠二――総責任者　運転手　財務担当
　　　　　　川津茂夫――コース担当　運転手　食事担当
　　　　　　熊田　健――渉外担当　運転手　撮影担当
　　　　　　森　盛一――記録担当　助　手　音楽担当

使用道路：首都高速道路、中央高速自動車道、国道20、19、158、361号線
　　　　　国道41、359、156、160、249号線、能登海浜道路
　　　　　国道8、305、27、303、161号線、比叡山ドライブウェイ
　　　　　国道1、21、248、155、135号線、羽横高速道路
　　　　　主要地方道（奈川渡－木祖村藪原）（高岡－伏木－氷見）
　　　　　　　　　　（大沢野笹津－八尾－砺波）
　　　　　　　　　　（珠洲－禄剛崎－赤神）
　　　　　　　　　　（芦原－東尋坊－三国）
　　　　　　　　　　（箱根峠－熱海）

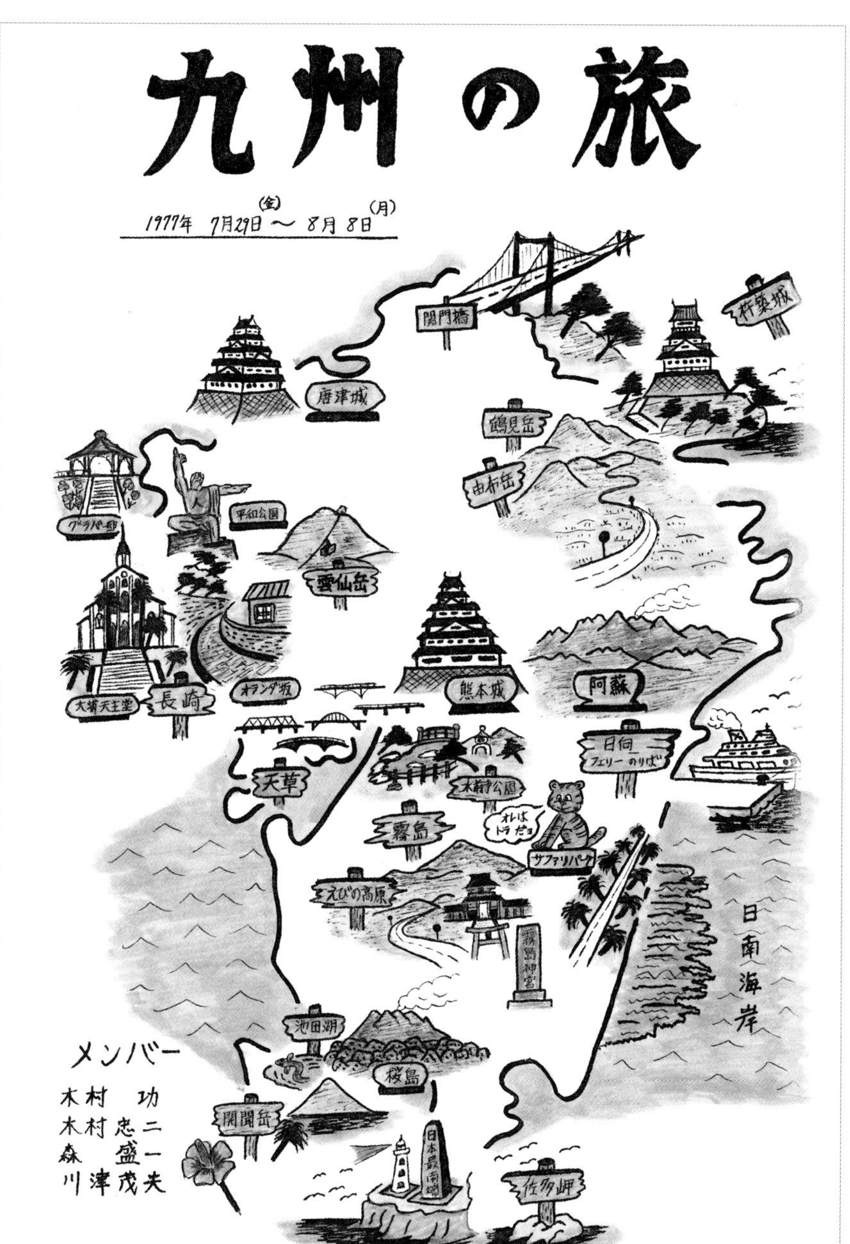

九州の旅
1977年 7月29日(金)〜8月8日(月)
関門橋
杵築城
唐津城
鶴見岳
由布岳
グラバー邸
平和公園
雲仙岳
熊本城
阿蘇
大浦天主堂
長崎
オランダ坂
日向
フェリーのりば
天草
水前寺公園
オレは
トラだヨ
サファリパーク
霧島
えびの高原
霧島神宮
日南海岸
池田湖
桜島
開聞岳
佐多岬
メンバー
木村 功
木村 忠二
森 盛一
川津 茂夫

九州の旅

1977年（昭和52年）７月29日（金）～８月８日（月）

メンバー　川津茂夫　木村 功　木村忠二　森 盛一〔50音順〕

九州一周旅行

２年がかりで計画していた九州一周（ヒントは２年前に行くはずだったが、春闘のため延期）やっと今日になった。みんなたいした準備はない。参加者は *Mr. Mori, Mr. Isao, Mr. Kawatu, and my name is T. Kimura* の４名。

百花寮を出たのは**1977年７月29日**午後10時10分、見送り数名。さあ出発。首都高速向島入口から入る。東京の夜景を見ながら、車は一路はるか九州に向かって、心はずませて、車内ではいろいろな会話がとび出す。何しろ２年ぶりの大旅行だもんネ。

天気もまあまあ、車は快調！　銀座、赤坂、そして渋谷と車は快適に走っています。華やかなイルミネーションを後に……車は走り出した、九州に向かって……東名高速は横浜まで３車線、運転は木村忠さん。

車は神奈川県を通り過ぎ静岡県へ。

富士川サービスエリアで休憩、？今は夜中の？時頃！　そして出発。

静岡県から愛知県へ入る。名古屋の付近を走行中、春日井市のネオンが見える。ふたたび山の中へ……岐阜県に入る。空が明るい、星が見える……ここはもう名神高速なのです。

しばらくすると、……瀬田川橋を渡る。この川は琵琶湖に通じている。この右手は琵琶湖だが、暗くて何も見えない。大津インターチェンジを通過。京都までもうすぐ……京都府に入る。右手に京都市街が見える。京都南インターチェンジを通過、島本町桜井パーキングエリアで休憩。さすが疲れた。休憩所に入りベンチでごろ寝。長時間座った姿勢は非常に疲れる。自動販売機でジュースを買う。森君、ハンバーガーを買っている。もちろん自動販売機。ひょっとしたらお湯をかけて、３分でできるハンバーガーではないかナ？
とにかく、しばらくここで休憩。

空が明るくなってきた。ただ今４時30分頃。食事と休憩を充分とり、さあ出発！

もうすっかり明るくなってきた。運転手は、ここから木村功さん。吹田インターチェンジに入る。ここで名神高速と別れ、中国自動車道に入る。もう陽が上りはじめている。今日一日のはじまり。**1977年７月30日**朝、中国自動車道に入り……車は快調。

両側に千里ニュータウンの住宅街が見える。車は快調、天候も本日晴れ。

大阪空港が高速道路のコンクリートの塀越しに若干見える。低い山々が連なっている。その山の斜面一面に住宅がびっしりと建ち並んでいる。住宅ブームと人口の増加は、自然の山々を破壊し埋めつくしているようだ。コワーイ！　宝塚市を通過。車はだんだん緑濃い山々の中に入ってきた。

滝野社のドライブインで食事。山の中にあるドライブイン、ここ１軒だけなのだ！！　さて、食事のメニューは……？

食事とトイレを終えて、休憩を終えて、さぁ出発……音楽が車の中に流れています。曲目は「狂騒曲第５番」？　岡林信康の「ガイコツの唄」？　ガイコツが　ケラケラワラッテ～♪

中国自動車道の終点を出て、国道へ。国道313号線を一路、福山に向かってGO・GO。**高梁市**（たかはし）を通過。中国自動車道と引き続き、景色は相変らず山々が連なっている。高梁市街は一部国道180号線になっている。建物が多くなってきた。もうすぐ福山市街。

鉄道に沿って**福山市**街ね……山陽本線のガードをくぐりぬけ、ビルの建ち並ぶ街中へ。国道313号線と別れ、国道2号線へ右折。車はひたすら国道2号線を広島に向けて快走中。福山から広島へ110km。

尾道市に入る。…とまもなく、左手に瀬戸内海が見えてきた。瀬戸内海に沿って国道２号線が走っている。その右を山陽本線が走っている。

瀬戸内海の島々が連なって見える。波しずかに！　海から離れ、ふたたび山の中へ。坂を下ると目前に尾道市街の工場の煙突が見える。尾道市街を通過。再び海沿いに……。

三原市街に入る。ここから、ふたたび山の中へ。**東広島市**付近で、ピットイン（トヨタの修理工場）。ここでエンジンオイルとクーラーのガスを入れてもらうのです。この付近は水田になっている農村地。中古車が置かれている。修理中、中古車を眺めている（４人とも）。

修理完了（オイル、クーラーのガス）。そして、洗車。水をぶっかける。砂ぼこりにまみれた車、マークⅡがきれいに洗われた。隣にあった新車と比べても変わらない……なんて……。

さあ、出発。**広島市**に入る……市街の中を一路、まずは原爆ドームへ。ドーム脇の駐車場に車を入れる。ドームの周囲を一周して……少し歩いて……平和公園へ。原爆資料館はもう閉館されている。芝生の上に寝ころがる４人。そばを通る人たちの注目の的、ハズカシイ……といいながらも、４人ともいつのまにか眠っていたようだ。疲れていたためか、すぐ眠ってしまったようだ。平和公園からふたたびドームへ。ドームをバックに一人一人記念撮影。

駐車場に戻り、さぁ出発。ここのそばに広島の球場がある。もう辺りが暗くなってきた。陽もまもなく沈んでしまう。夕陽に照らされたドームが黒く浮き出されている。核兵器完全禁止。二度と核の持ち込みも許すな！　日米安保条約破棄、平和で中立な日本を！

広島市街をふたたび国道２号線へ。広島市街を離れると、ふたたび山の中へ、坂道を登る。もうすっかり暗くなってしまった。急がなければ……（予定より遅れている）。とにかく、今日（今夜）のうちに下関に行ければいいのだ。

車は小郡町に入る。ここで２号線と別れ、９号線へ、そして……ふたたび中国自動車道へ。さあ、ここから下関までもう少しだ。中国自動車道は山の中を抜けて……。月が出ているためか、あたりが明るく映し出されている。水銀灯もない高速道路は、夜になると真っ暗になるが、月あかりで今夜は明るい。

7月31日　日曜日

午前２時、**下関**のパーキングエリアに到着。目前に関門海峡の橋がのびている。眼下には関門海峡、そしてその向かいには門司の港が見える。この場所は、関門橋の下にある。真夜中のため駐車場の車の数も少ない。長距離トラックが止めてある。ここで仮眠をとることにした。森君は車の中で……他の３人は駐車場のアスファルトの上に寝袋で……。トイレもある、自動販売機もある。高級ホテルで〜〜す。おやすみなさい。

午前７時、朝、な、なんと、バスに乗ってきた観光客がこの休憩所にずらり、こっちを注目しているようす？

俺たちゃ見世物じゃない……と心で言ったと、日記に付けておこう？　関門海峡を船が往復している。その左手に朝日輝く水面が光を放っている。その輝く水面の上を、幾隻もの船が静かに航行している。静かで気持ちのいい朝だ　！

木村功さん、忠さんと次々に起きてきた。洗面用具を持って、忠さんが洗面所へ、その後次々と洗面所へ、４人とも。

寝袋を片づけ、缶ジュースを飲んで……、さわやかな朝ですヨ。アサ〜〜ァ。

さぁ、いよいよ出発。とうとう来たぞ九州にと、喜んでいたのは何を隠そう森君なのです。今日もいい天気、下関を後に車は関門橋を渡りはじめた。九州に入る。九州自動車道を小倉インターチェンジに向かって……。小倉東インターチェンジを降りて、国道10号線へ、車は一路国東半島に向けて走行中。鉄道に沿って行橋市へ……。九州に来る前に、早く九州に行きたいと騒いでいた森君の話題が絶えない。**行橋市**街の街中を通り抜け、ふたたび鉄道に沿って……。今日は朝食がまだなのだ。そろそろお腹がすいてきた。朝食をとるため店をさがしながら、車は国道10号線を国東半島に向かって走行中。

だんだんと住宅街を離れ、広々とした水田地帯に入ってきた。右側には低い山々が連なって見える。食事のできる店は？　当分朝食はお預けかナ……。店はない。辺りは広々とした農村地帯が依然として続いている。

午前９時、**大分県中津市**植野、10号線、茶房双庵にて。夕べまでの疲れでグッタリ（でも、若さはある）、ハラがへってはと、めしさがして、やっとありつけたのがここ。入口に行くと愛嬌のいいお姉さん「いらっしゃい」。定食４つ。

午前10時、出発。外は暑〜〜い？　しかし、車の中は涼しいのだ。外はジェネラル・ムンムン、車の中はゼネラル・ミンミン！　車は10号線を離れ、213号線へ豊後高田市に向かって……。左右に田園が広がり、緑の稲が一面。緑のジュータンを敷いたようです。国東半島いよいよ突入。出たァ？　海に出た！

12時20分、**国東半島**で日光浴。海岸での休憩を終えて出発。森君が双眼鏡を取り出してナニかを覗いている。左手に広々とした海岸。海岸のビキニ姿の女性を次々と観察しているのだ！

13時20分、杵築城に到着。

14時５分、杵築城をあとに、出かけようとした。童心にかえりブランコ遊び。昼食をとろうと和風レストランに入るが、ライス関係はないと言われ、こりゃ、レストランに入り初めてのこと……ひどいもんネと、ice４つ。

14時25分、日本初のメニューのないレストラン（飯はないし）を出発。

15時10分、**別府**に入る。さすがにここは温泉町である。あちらこちらに湯けむりがすごい。ロープウェイも見えてきた。この頂上が鶴見岳(感動 ！)、ゼネラルプンプン、硫黄の臭い。

15時35分、由布岳の下を登りはじめた。左右にはニッコウキスゲがきれいに咲き乱れ、森君「尾瀬みたいだ……」って。由布岳登山口（入り口）の前を通過。真下から由布岳を見上げているが、すばらしい高原である。

15時50分、由布レストハウスで昼食。カレーライス、焼き飯。

16時20分、レストハウス出発。やまなみハイウェイに入る（久重町)。目前に阿蘇山が見えてくる。広々とした広大な原野を突っ走る。山を下りて、やまなみハイウェイを出て一の宮町へ。宮地駅前を右折して国道に入る。57

1977年８月１日、熊本県阿蘇にて。左から、川津茂夫、木村功、森盛一、木村忠二。

号線を右に入り、212号線に入り、**内牧温泉**へ。田んぼの中の一本道を一直線に突っ走る。さわやかな風が車の中へ（ゼネラルミンミン）。

18時30分、旅館大観荘に到着。忠ちゃんが交渉、一泊二食5,500円ということで結局泊まることになった。ちょっと高いかな？　部屋に案内され、まんずは休憩。

8月1日　月曜日

７時20分、阿蘇郡内牧温泉大観荘にて、昨夜を過し（７時20分起床）、全員無事である。

８時30分、朝食を終え、大観荘を出る。俺たちはやっと人間らしくなった。それは、風呂に入り、家の中にてくつろげる。朝夕の食事が定刻に食べられるだと……。

これで本が読める体力（精神面も含め）になったと、川津君。

金勘定で2,200円が足りん。チェックしなかったな……と、功さん。

ヘアーセットで必死の森。みんな大変だ。

出かける前に全員で車内の大掃除、だいぶきれいになったようだ。

左右を田んぼに阿蘇を目の前にして走る気分は、都会では絶対見られない。

８時45分、阿蘇駅前にて読売、スポーツ新聞を森が購入。

９時、牧場に着き写真撮影。ちょっとインタビュー（草千里で写真）。

「５月~１月まで牧場に牛を放しておく。月に12万ぐらいの月給じゃけん」

牛バエがすごいですネ。「ああ、牛は馬鹿じゃけん感じないでの」

この牛は目が赤くて具合でも悪いんですか。「これは赤目じゃ」

毎日数名で監視しているとのことでした。「また東京から来たらゆっくりしてってヤー。東京の娘さんに宜しく」

言っておきますから……。

９時50分、**阿蘇山**西駅に着く。おばちゃんに阿蘇についてくわしく説明してもらう。記念の写真を撮り、お元気で、また来ます……と。阿蘇のおばさんのことば……ソクセキ・ハンマー・タイプライター。

このおばちゃんは阿蘇山から約４kmを通っているとのこと（宮地から）。夕方5時ごろまでいて、あとはガードマンにまかせるとのこと。阿蘇山から出たのは午前11時20分、ドライバーは功さん。

12時30分、**熊本**・水前寺公園に到着。水前寺公園に入園。入園料100円。

14時10分、水前寺公園を出発。

14時25分、熊本城駐車場に到着。

15時55分、熊本城を出発。暑い、暑〜〜〜い。東京もこんなに暑いのかな？

熊本市を離れ、車は一路長崎へ。九州自動車道へ向かって……。九州自動車道に入る。熊本インターチェンジより八女（やめ）インターチェンジで高速道路を降りる。車は一路大川市に向かって。雨が降ってきた。自転車に乗った女の子、かわいそう。美女がビジョビジョだ？

20時15分、**唐津城**着。夜の唐津城見物。唐津城からの夜景、なかなかいいヨ。納涼するならここが一番。眼下には唐津の入り江と唐津市街が見える。

20時50分、唐津城を出発。車は一路伊万里へ向かって。唐津から伊万里へ向かう県道がわからず迷い、通りがかりの人に聞く。伊万里への県道へ出て、一路伊万里へ。しかし……しばらくすると、途中竹木橋から国道204号線に入る予定だったが、国道に入らず農道に入ってしまい、ここでも迷いやっと出た道を右に……しばらくすると別の国道202号線に出る。伊万里方面に右折、これでやっと一安心。しかし伊万里には距離がまだある。迷った結果距離的には伊万里へ。204号線の唐津市街と同じ距離の位置に出たわけである。国道202号線を伊万里へ……。

21時30分、お腹が空いた。**伊万里市**に入り、ドライブインに入る。レストハウス久万。釜めし600円、野菜サラダ200円。店員、女の子３人、おばさん１人。夜遅く、こんな山奥でかわいい娘ちゃんが仕事をしていると、あぶないヨ？　もしかして……、仕事がちがうのではないの？

８月２日　火曜日

昨夜はまたまた東洋一のゼネラルカンカン。グレイトエメラルド望郷ホテル（野宿）に泊まる。俺はこっちの部屋、俺はここだ。「こりゃあすごい、ここはゼネラルカンカンだ」と大喜び。１時30分ごろやっとそれぞれの部屋

1977年８月２日、長崎市の平和公園にて。

に入る。一人はまるで中華派、顔にこのホテル専用のメイキャップ、一人は外部から不法侵入攻撃防衛の袋（寝袋）に入り、どうやら手でパタパタと食後の運動でもしているのでしょう（？）2時ごろになった。ニャンゴロンギャン、ニャンゴロンギャンと私たちにも仲間にと誘っていやがるやつが……。

ゼネラルカンカンの大合唱で……チクショウ、もう3時30分（ここは時津町の入り口、団地の分譲地）。

朝6時30分ごろから、誰も住んでいないと思っていたのに、1軒だけ住んでいて「どこの者だ……」と窓から不思議そうに何者かが覗いていた。いやどうして車もケッコウ走っていた。

7時30分、長崎に向かって出発。ドライバーは川津君（かゆいかゆい）。

7時45分、**長崎市**に入る。平日というのに車がすごい混雑。

8時30分、平和公園着。平和公園で平和の像の前で記念撮影。大阪から来た二人の美しい娘さんにカメラのシャッターを押してもらった。今回の旅行で見知らぬ娘さんと対話するのは初めてだ。娘さんの話によると、夏休みを利用して3泊4日で長崎、福岡方面に旅行に来たとのことである。まだ、高校3年生とのこと！　若～い。私達と彼女達の会話が行われた。

彼女達ともここで別れ、私達は朝の儀式、朝食をとることにした。駐車場の脇のレストラン＆休憩所で朝食をとった。メニューは長崎名物・長崎チャンポン、朝定食。朝の定食を4名分たのんだのだが、しかし定食のライスが3名分しか出来ないので、定食を3ヶとチャンポンを1ヶ注文したのだ。朝食を終えて出発。次なる場所26聖人殉教地へ向けて出発。NHKを目標に長崎市内を西に……。

博物館を見て、26聖人殉教地を出発。車に乗って、いざ出発という時、車の前の階段を平和公園でシャッターを押してもらった二人の女の娘（こ）にふたたび会った。またお会いしましたネ！　と、軽く挨拶をして出発。次なる場所は大浦天主堂、グラバー邸をめざした。暑い。外に出ると自然に汗が出てくる。車の中はスズシイ！

大浦天主堂の中に入って休憩。大浦天主堂を出て、グラバー邸へ。グラバー邸の動く歩道のエスカレーターで、上に登ると長崎港が一望できる。がしかし、暑い。グラバー邸を見物して昼食。駐車場付近にあるレストランで昼食。メニューは長崎名物・皿うどん、氷水（メロン）、冷やむぎ。レストランで氷水を食べた森君、レストランの冷房が原因でお腹を冷やしてしまったようだ。森君はお腹が凍ってしまったと騒いでいた。

レストランを出ると、目前の売店から平和公園で会った女の娘二人とまた会ってしまったのだ。話によると、もう帰るとのことだった。話のついでに「二人一緒の記念写真は撮りましたか？」といって声をかけたら、カメラが壊れていて写真が撮れないとのことだったので、木村忠さんのカメラで大浦天主堂の前で記念撮影をした。彼女達の住所を聞いて写真を送ることにした。彼女達とここで別れ、私達はオランダ坂へ向かった。

オランダ坂を歩き登りながら、♪長崎は今日も雨だった♪を唄い出した。オランダ坂を歩き終え、駐車場へ向かった。駐車場の脇の売店でアイスクリームを買って、店を出たら目の前に４度目、また大阪の二人の女の娘と会ったのだ。もう帰る途中で、荷物を手にさげバス停に向かっていた。気をつけて！　元気で！　と別れの言葉を送った。

駐車場の料金を精算したあと、20分程その駐車場で粘り出発した。20分オーバーしたのだ。駐車場を出発する前、佐世保から来たという男の人に長崎の名所を聞いた。

長崎をあとに、車は**諫早市**へ向かって。長崎から諫早へ向かう途中道をまちがえたのだ。海へ出た我らは二度山の中へと迷い込んでしまった。何とかなると、前に進んで行った。前進あるのみと、バス停をたよりに車を走らせた。しばらくして、国道に出て右折、町が見えてきた。町に入ると、アレ？　見たことある町だ。長崎市内に戻ってしまったのだ。ツガ、アッチイクンデネーノ。長崎市内に戻った我らは、諫早への国道34号線に、今度は間違いなく入った。長崎から道を間違えて、茂木町に行ってしまい。二度長崎へ戻ってきたこの間、約１時間程、時間をムダにしてしまった。

諫早市に入った。国道は１車線から２車線になった。諫早市をしばらく走る。左右に水田が広がってきた。ただ一面水田ばっかりの中を車はスイスイ。稲苗の緑が美しい。遙か前方に雲仙岳の山々がかすかに見えてきた。広々とした山裾が前方に見えてきた。愛野町を過ぎ、車は山の中を、浜町に向かって。前方に海が見えてきた。眼下に小浜海岸が見え、海水浴場の砂浜が見えてくる。海水浴場に寄らずして、小浜町街に入った。小浜町を通り抜け左折、雲仙へと向かった。国道57号線、海岸から二度山の中へ……少し入った所に売店、食堂があったので、ここで休憩。運転手の川津君ご苦労様。コーラを飲んで、トイレをすませ、ふたたび出発。運転手は木村忠さんです。

車は**雲仙温泉**に到着。ゼネラルプンプン、硫黄のにおいの中を温泉街を通り抜けた。大きなホテルや旅館の建ち並ぶ大きな温泉街だ。温泉街を過ぎると、ふたたび山の中に入った。しばらく走ると有料道路の入り口があった。仁田循環自動車道路に入った。ここは一方通行である。

16時35分、雲仙の山頂駐車場に着く。駐車場からロープウェイに乗った。ロープウェイ山頂駅着。霧がかかっている。標高1,359メートル。山頂駅から展望台へ徒歩２～３分。山頂展望台からは眼下に平野が少し見えるだけ。霧が濃いため何も見えない。非常に残念。霧の中で時々陽がさし込んでくる。展望台で記念撮影。ロープウェイ山頂駅から下山。ここのロープウェイはスピードが速い。森君は怖いと、ゴンドラの中で騒いでいる。

駐車場の駅売店で土産を買う。ウグイスの鳴き声がする。土産を買い車に戻った。

17時30分、出発。有料道路を出て、ふたたび国道57号線へ右折。

17時55分、雲仙温泉へ戻った。雲仙温泉でここでも土産を買う。雲仙温泉出発。国道57号線を島原へ向かった。**島原市内**に入って民宿を探す。島原港を通り抜け、地元の人に民宿を聞いたが、ここには民宿はないと言われ、ふたたび島原市内に戻った。島原駅付近の旅館街を訪ねたが、結局島原港にふたたび行ってみた。宿泊所を探すのもなかなか大変である。島原港前にあるビジネスホテル「とらや」に結局泊まることにした。１泊朝食付、１名3,000円、２名5,600円で、２部屋とった。ホテルに荷物を入れた後、食事に行った（夕食）。レストランでの食事。メニューはビール、野菜サラダ、海老グラタン、野菜サンド、ハンバーグステーキライス、海老フライ定食、チキンカツ定食。夕食をすませホテルに戻った。フェリー乗り場が目の前にある。ホテル「とらや」の名前通り、階段には虎のはく製があり、カウンターにも虎のぬいぐるみがある。

8月3日　水曜日

午前6時、ホテル「とらや」で起床。ＮＨＫのニュースを見る。8時30分出航予定の国道フェリー（島原→三角(みすみ)間）に間に合わせようと急いで朝食をとったが、間に合わず1時間遅れの9時30分出航の船になってしまった。

9時30分、島原港出航。ここの港は、出航の時に「君が代」の曲は流さないみたいだ？　ワカルカナー。

出航して1時間、天草五橋の第一橋をくぐりぬけて**三角港**。

10時30分、三角港着。三角から国道57号線を天草五橋へ。さっき船でくぐった第一橋を渡り松島町へ。天草五橋を渡り、有明町へ国道324号線、右手に広がる海。真っ青な海の側を走っています。**本渡市**(ほんど)に入り、車は山の中に。緑の山々が続いています。静かな農村、山村の家々。

12時30分、牛深港着。車を出ると、ものすごい暑さ。これでは熱射病になってしまう。ここから、つまり牛深港から、長嶋町蔵之元港まで、ふたたびフェリーに乗るのです。出航は13時に蔵之元港着。小さな漁港を後に、車は国道389号線を阿久根市に向かって……。黒之瀬戸大橋（有料400円）を通って橋を出た所で大橋を撮影。

14時、休憩。外はゼネラルムシムシ程の暑さなのです。

14時50分、**川内市**(せんだい)・十本松ドライブインで昼食。

8月4日　木曜日

午前6時30分、森園宅（森園一子さんの実家）起床。前月29日、九州旅行出発以来、初めてこんなすばらしいホテルに泊まった？　夜は涼しく、ゼネラルミンミン。うるさくしつこいゼネラルカンカンもない。アサー、全国的なアサ～！　歯を磨き、顔を洗い、すがすがしい気分。森園スペシャルホテルの今朝の朝食は……？　ライス、みそ汁、海苔、タクワン、etc。

8時、森園家出発。目指すは霧島、Let's go.　車は2台、私達の乗って来たコロナマークⅡと森園宅のブルーバードU SSS（スリーエス）の2台。私達つまり木村（功）、木村（忠）、川津、森の4名の他に、湯浅夫妻と名犬ベンジーの親戚・名犬チコ……ワカルカナー。私達４名と湯浅夫妻と犬１匹で行ったのだ。

湯浅さんの案内で、まず最初**霧島神宮**へ、途中丸尾の滝を見て……霧島神宮着。長い参道の石段を登る。朱赤の大鳥居をくぐり、石段を登りきるところまでくると、さすがの名犬チコもダウン！　チカレタビーの様子だった。霧島神宮を参詣して記念撮影。霧島神宮を出発。車は一路えびの高原へ向かって。

えびの高原着。硫黄の臭いが強い。硫黄の噴出する岩場を登る。岩が一面硫黄で染まっている。硫黄谷に出る。湯浅夫妻、私達４人とチコも一緒である。木村忠二さん、森君、川津の３人が硫黄の塊を取ろうと必死で暑い硫黄の出る山の上を歩いた。

道なりに歩くと、眼下に小さな湖が見える。ゼネラル・エメラルド色のきれいな、観光化されていない湖だ。不動池を見て、駐車場へ戻った。流しソーメンの場所に向けて出発。来た道をふたたび下って行くのだ。湯浅（森園）一子、ガイドさんの説明によると、このえびの高原という名は、ススキの色と形から、そう言われるようになったと説明された。

流しソーメンのある山奥の駐車場に到着。駐車場から道を下ると、正面にフィールド・アスレチックのコースが見えてくる。下には流しソーメンのある屋根が見える。ここで昼食。流しソーメンとおにぎり、卵焼き、鱒の塩焼き、鯉の刺身etc。流しソーメンを食べる場所の下に鱒・鯉などの魚が泳いでいる。ここの魚にソーメンや残り物を投げると、勢いよく飛びついてくる。そうとう空腹なのだろう。

流しソーメン場を出発。曲がりくねった道を車で下る。車は国道に入り、桜島へと向かう。桜島がだんだん近くなり、桜島の岩が目に入ってくる。**桜島**の休憩所に到着。車を出ると暑い。桜島の噴出した火山灰の上を素足ではとても歩けないほど暑い。森君は桜島の火山灰をビニール袋に詰め込んでいる。休憩所の中に入りかき氷を食べた。

休憩所を出発。桜島を外周して、桜島港から旧道に入り、そこで桜島をバックに記念撮影。撮影を終え桜島港へ戻った。ここからフェリーで鹿児島に戻る。**鹿児島港**着。

鹿児島港から海沿いに磯庭園へ……。磯庭園着。庭園内を遊覧。名物のジャンボ（串だんご）を食べる。磯庭園出発。一路車は森園家へと向かう。山を通り抜け、鹿児島市内へ入る。

森園家着（鹿児島市高麗町）。桜島へ行ったため、足は火山灰で白く汚れている。足を洗い、車の掃除を済ませる。スイカを食べ、車の掃除も終わり、準備OKと同時に潤さんが車で迎えに来た。さっそく、私達はここで湯浅夫妻、森園家の御家族の方々と別れを告げ、潤(うるい)さんの案内で、潤さんの車を先導に潤家に向け出発。潤家に到着。

部屋に案内され、さっそくビールのもてなしを受けた。木村忠二さん、木村功さんとの懐かしい電精器時代を、潤さんと共に思い出話に花を咲かせている。

8月5日　金曜日

6時30分、起床。昨夜は入社時以来（T.K.）の友人、潤君の部屋に泊まる。彼はすでに結婚し、二女もいる。人生上、差がついた訳だ。奥さんにしても、彼の母さんにしろ、人間的配慮が良く、夜遅くまで飲み、語り合い、思い出話がはずんだ。

二世の章一郎も生まれて以来（1歳未満）、身体も健康であるとのこと。さあ、出かけようかと、午前9時38分に別れの挨拶で出発。潤君が母を会社に送り、あとは約1時間、我々を途中まで案内。

さて、8月3日、4日と2泊。予定外の宿泊、ゼネラルムンムン、カンカン、プンプンとも縁をきれ、ゼネラルスヤスヤであるから……ゆっくり寝ることができた。

忘れ物をしたため、森園家に再度寄る。彼女の母さんがスイカ3つ、大きいのを持ってきて「どうぞ～」と。何から何までホントにお世話様になり、2軒の家族に人情的温情に我々4名は深く感謝し、ホントに別れの挨拶で……出発。

雨の降る市内をチェリッシュの〇〇〇の曲が車内を流れ、ムードとしては野郎4名ではあるが、なかなか……。前の車は潤、どこまで行ってくれるのか……彼も昔と変わらず兄弟同様、温情にあふれいい奴。ここは大島紬の工場……とガイド。

８時55分、楽しかったひと時の立役者、潤君ともここで別れる。市を離れたところで、記念写真写して……

９時40分、千貫平ドライブインで朝食。ここは高いので並みの朝定食にした。土産もここでほぼ買った。トランクはもういっぱい、どうしよう……。

池田湖畔着。直径150～200m。天然記念物の大うなぎを見る。記念撮影。

11時、唐船峡着。ソーメン流しのある小さな渓谷に、鱒、鯉だとかがひしめき合って泳いでいる。なかでも、青白色したきれいな鱒１匹が特に目をひいた。

11時15分、唐船峡発。

11時30分、**長崎鼻**着。九州最南端、長崎鼻はさすがに南国的な気分が味わえる。最南端だけあって非常に暑い。

12時38分、長崎鼻出発。

12時55分、山川町、山川港着。フェリー佐多港行きの時刻を調べる。15時50分山川港出航のフェリーに乗る予定。指宿に向かって出発。

13時15分、指宿町、古里食堂で昼食。メニュー、冷やしソーメン、焼き飯。

13時50分、古里食堂出発。回りを見ずに小さな古里食堂に入ってしまったのだが、食堂の隣にレストラン古里というきれいな建物があったのだ。さびれた食堂よりレストランに入ればよかったのでは……なぜならば、食堂に白クマがメニューになかった。レストランならあったのでは？　？？？

14時10分、木村功氏友人、電精器に以前いらした園田宅を訪問。

15時10分、出発。

15時25分、**山川港**着。

15時38分、山川港から乗船。山川港→大根占港　約40分。山川港を出航して左手に雲をかぶった霧島の山々。その左に桜島。船の進行方向、後方に開聞岳が見える。霧島、桜島、開聞の山々のスカイラインが美しい。海面は陽の光を浴びて光り輝き、空は雲を吹きとばしたように青く、そして流れるような雲が点々としている。

16時、突然左手に桜島山頂から煙が出た。いや、出たよりも「出たのを発見した」という言葉の方が正確だろう。時間のたつごとに、次第に噴煙は高く大きくなっていった。やがて、海面から見る桜島の高さより煙の高さのほうが高くなっていった。ちょうど煙の上のほうが大きく、原爆投下時のきのこ雲のようなかたちに見える。さっき噴出した煙は流されて、非常に大きく青空にくっきりと広がっている。また、小さな爆発をした．**大根占**港が近くなってきた。桜島が三たび噴煙を上げている。

16時30分、大根占港着。車は一路、佐多岬に向かって……。

16時55分、車のウィンカーランプがつかなくなってしまった（右側）。少し走ったところで、右側に三菱石油のスタンドを発見。スタンドでウィンカーランプと燃料補給、車には高級ガソリン、人にはオロナミンＣドリンク、どちらも液体、体力増強。車、人間共々燃料補給し、さて出発。さっきフェリーに乗っていた二人の女の子。一人はヤマハ・ミニトレール50ＣＣバイク、もう一人はダックス・ホンダ50ＣＣバイクの２台に乗ってきていた女の子（年齢高校生くらい）が、ちょうど私達のいるスタンドの前を安全速度で通過した。バイクに乗った女の子に追いつくかな？　→森君。右手に見えた桜島がまた煙を噴き出している。佐多町（伊座敷）を通り抜け大泊の町に……。

大泊から**佐多岬**の有料道路に入る予定だったが、有料道路が午前８時から17時までしか入れなく、私達が行ったときはもう入り口が閉鎖されていた。仕方なく、その有料道路の左側の道を国民宿舎佐多岬荘を目当てに行くことにした。少し走ると佐多岬荘があった。そして……。

佐多岬荘を訪ねたが満員だということだったので、民宿に泊まることにした。ちなみに佐多岬荘一泊二食3,700円。次なる宿泊場所を民宿内山荘に向け出発。内山荘の小さな案内板を目当てに海沿いに車を進めた。内山荘の大きな宣伝板のところに若い女の子がいたので、木村忠ちゃんが内山荘を尋ねたが、内山荘はもう少し先にあると言われ……。少し先へ進むと、内山荘入り口を右折、急な坂を登っても内山荘の案内板のあるところまで来ると、民家はあるが民宿がどれかわからない。車を止めて迷っていると、そこの民宿のおばさんが出てきて、車を移動。民家の前に横付けすると、その人に尋ねたら内山荘の方と知り、宿泊料金を聞いてみた。一泊二食3,000円ということで、ここに泊まることにした。

ここに来る途中、有料道路へ少し出たので、「有料道路はここから通れますか」と聞いてみた。がしかし、……有料道路もこの先へ行くと通行止めになっていると聞いて、やっぱり今日は佐多岬へは行けないとあきらめた。

18時９分、民宿内山荘に入って休憩。建築改装中の一室で、お茶とラッキョウが出された。ここの民宿は海辺の小さな村にあり、静かさと素朴さのある宿だ。木村忠さんと森君は早速近くの海へ泳ぎに行った。忠さんは釣竿を持って出かけた。

20時、夕食の準備ができた。釣りから帰った木村忠さんは３匹釣ったと大喜びで帰ってきた。今夜は釣り話に花を咲かせるのでは？

8月6日　土曜日

７時、起床。昨夜はゼネラルカンカンも、ムンムンもなく、気持ちよく寝ることができた。

７時30分、朝食。今日は、広島に多くの人々を苦しめ続けている原爆が投下されて33年、33回忌を迎えた。

８時、民宿内山荘を出発。佐多岬有料道路に出て、料金所でチェックして佐多岬へ……。

佐多岬着。駐車場からトンネルを通って遊歩道へ。トンネルを抜けると、荷物を輸送するロープウェイに出会った。

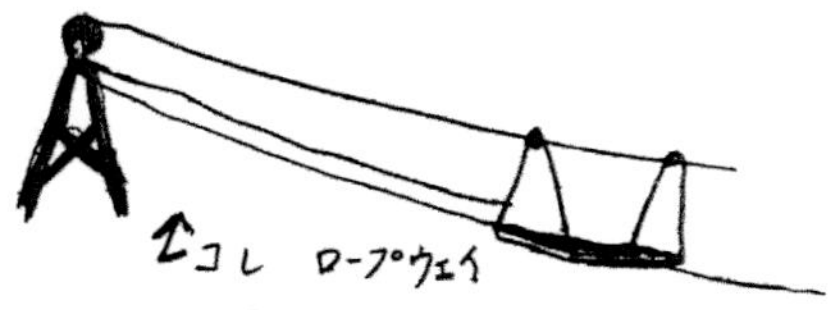

男の人が一人荷物を積んで、岬の方へ下りて行った。ジャングルの中の遊歩道を通り、日本本土最南端・佐多岬展望台へ到着。眼下に広がる青い海原、群れ飛ぶトンビ、白い灯台が見える。右手にかすかに開聞岳が美しいスカイラインを見せている。

♪海はステキだな♪　エメラルド色に染まり、海岸線の浅い所は透き通って見える。

佐多岬を出発。有料道路を下る。山口県から自転車に乗ってきた学生と、民宿から同乗して岬へ行ったのだが、有料道路の民宿付近で降りて、ここで学生とお別れ。有料道路出口へ向かった。車は佐多町へ入る。海岸線のそばを走っている。**鹿屋市**街通過。

11時、市街を通り抜けて、少し行った所で「白熊」を食べたいばかりに、左側のドライブインに入る。冷房のきいたドライブインで「白熊」を食べる。体が寒くなってくる。

食べ終わると、室内には居られなくなり、外へ飛び出して行った。室内は真冬のような感じだ。ここから「白熊」という名がきたのかも？

とにかく、見た感じも白熊のようだ。九州名物・白熊を食べて出発。

12時、ドライブイン出発。串間市通過し、都井岬への入り口を通過してしまった。南郷町に入る。都井岬にここから入るか迷ったが、結局入らず日南市へ向かう。**日南市**通過、この辺は日南海岸が右手に続いている。日南海岸十日井ということろで昼食。ここで、海水浴・ビールで乾杯、スイカを食べて……海岸の休憩所の若だんなに写真を撮ってもらう。親切な休憩所を経営しているドライブインの主人とも別れを告げ、出発。青島が観光の名所と主人に言われ、青島に向けて……。

青島を通過、宮崎市内に入る。大淀川を越え、右折——宿泊所を探すため。宮崎漁港に出て、大淀川の堤防に出る。ここで宮崎市内での花火大会があり、堤防から納涼見物する。「この河原で今日は泊まろうか？」と、花火を見ながら4人で話をしていたのだが、ゼネラルカンカンがここにもやはりいたのだ。ここで泊まることをあきらめ、漁港の岸壁で宿泊することにした。

食事に行くことにした。市内の中華料理店で夕食。メニュー、チャンポン、ギョーザ。食後、港へ向かう途中、どういう訳か今日は土曜日、オールナイトの映画館に行こ

うということになり、宮崎駅前に車を置き映画館へ向かう。今日の宿泊場所は結局、ゼネラルネチネチ、ダイナミク・スクリーン・スペシャルホテルに泊まることになった（映画館）。このホテルの特徴は、映画を見ることができることである？　おやすみなさい。今回の九州旅行で、ここが最後の宿泊所なのです。いよいよ九州の夜ともお別れです！　明日の夜はフェリーの中です。

The END

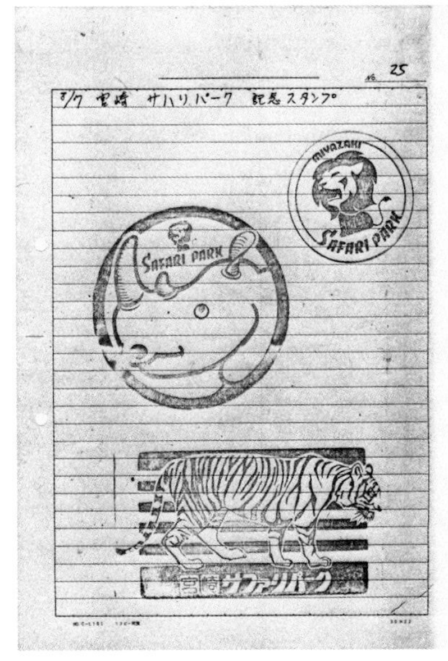

8月7日　日曜日

4時、ゼネラルネチネチ、ダイナミク・スクリーン・スペシャルホテルを出発。宮崎駅へ。宮崎駅から車で次の仮眠宿泊所（休憩所）、望郷波止場へ出発。

望郷波止場着。まだ薄暗い。港で仮眠宿泊をとることにした。朝、陽が高くのぼり、私達の浜辺の一室に荷物船が到着。荷物（鋼材運搬船）の船降ろしが始まった。私達は船の音で目を覚まし、港を出発。

港の付近にあるドライブイン＆民宿で朝食。朝定食350円をとる。ドライブインを出発。一ッ葉有料道路に入り……有料道路を出て左折、国道10号線へ。フェニックス自然動物園に到着。入園料400円。サファリ公園と間違え、ここに来てしまったのだ。動物園を観覧して、出口の所で係員にサファリ公園の場所と行き方を聞く。

10時45分、サファリパーク到着。入場料大人一人1,300円。ここは動物が一定の公園の中に放し飼いになっている。そのため、バスや車で中に入るのだが、窓をしめて走らなければならない。車で各コースを一巡、回覧して公園内を出て駐車場へ。

12時30分、小動物園を回り。売店に立ち寄り出発。国道10号線を北へ、日向市に向かって……。途中燃料を給油、私達の旅行費の財源もそろそろつきてきた。今日、明日の食事代がなくなってしまった。死ム～～～ゥ！

13時40分、**日向市**、日向港フェリーターミナル着。フェリー乗船まで時間があるので、海岸まで行くことにした。

14時10分、綱島海岸到着。森園宅でいただいた最後のスイカを食べることにした。ここで日光浴。九州最後の海です。この間の旅行の中で、小さな海岸なのだが、人出が芋を洗う程多くない。東京周辺の海と違う！　人間ラッシュじゃない。森君は早くフェリーに乗りたいようだ。フェリーの時間をいろいろ気にしている。……アワテルナ　ソンナニ　イソイデ　ドコヘユク……！！

ここの海岸は遠浅のようだ。砂浜からかなりの距離まで立っている人がいる。岩場に立って、カニとたわむれる森君、木村忠二さん。釣りをしに来たおじさんが海中に釣り糸を垂らした……を思うと、間もなく魚がかかった。

キスが釣れたのだ。約２時間程、海岸でのんびりしたが、私達もそろそろ出発することにした。

16時23分、綱島海岸出発。日向市街で夕食の買い物。

16時45分、日向フェリーターミナルに向けて出発。日向の街も次第に陽がかたむきはじめた。

17時、フェリー乗り場に到着。フェリーが来ている。今までに日本一周旅行として乗った北海道（苫小牧）→東京までの日本海フェリー（30時間）や四国からの日本高速フェリー　高知→東京（20時間）などと比べて船は小さいが、時間的に短い19時間で川崎港まで着く。フェリー高千穂丸乗船。

19時、出航。５色のテープが乱れ飛んでいる。港の別れの風景。いよいよ九州ともお別れ。陽も沈み、港のターミナルにも灯がともっている。左手に同じカーフェリー・はまゆうが停泊中。はまゆうは神戸方面へ行くフェリーである。定刻より若干遅れての出航。船室に入る。やはり二等船室は狭い。体をのばして寝ると頭と頭がぶつかってしまう。

船上は暖かいが、船室に入ると冷房がきいて、涼しいというより寒いくらいである。船内にある大きなレストランで食事（夕食）。この船内にはレストラン、パブ、コンパ、売店、日本料理の食堂、映画館、娯楽室、ゲームコーナー、プール（温水）、浴場、サウナ、ゴルフ練習場などが設備されている。

木村功さん、木村忠二さんは船室に寝る。川津君、森君は船上のサマーベッドを利用。潮風に吹かれながら寝た。

↑高千穂丸とちょっとちがったみたい！

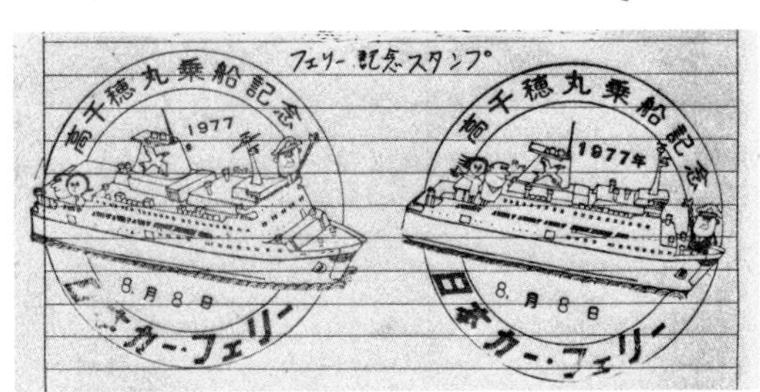

8月8日　月曜日

フェリー上での朝。全国的な "朝"。曇っている。雲の切れ間から、時々太陽が顔を出す。波おだやかな朝。紀伊半島を過ぎ、伊良湖岬付近航行中。次第に雲が厚くなってきた。朝食。デッキの上で朝食。パンと牛乳。海を眺めながらの食事だ。

9時30分、船内の映画館へ行った。映画「いちご白書」を観る。

12時、フェリー高千穂は東京湾に入る。外は雨。波も多少荒くなっている。船内アナウンスで、三浦半島及び房総半島、東京湾観音の案内と説明がされた。東京湾に入り、次第に船も速度を落としてきた。レストラン及び売店などのアナウンスがあった。昼前には子供たちにカウンターでプレゼント袋を1,000円で販売していた（アナウンスによると袋の中味は2,000〜3,000円相当）。雨が降っているのでデッキに上がれない。船の中で日焼けできないのが残念。

川崎港着１時間前。船長の挨拶。かつて戦争時代、軍国主義と主権在民の時代の天皇の話し方と同じような口調である。長々しい口調と多少高い声が、暗黒時代を思わせる。船室ではテレビで全国高校野球の放送がされて、乗船客の目はテレビに向けられている。取手二高対掛川西高校。

13時50分、川崎港フェリーターミナル着。アナウンスによると、宮崎県日向港から神奈川県川崎港まで887kmの洋上航路なのだそうだ。降船アナウンスがされた。いよいよ関東地方に到着。10日間の九州一周旅行もあとわずか。

首都高速に入る。向島出口接近。目前に日本電気精器K.K.（白鬚城）、我々の職場の建物が見えてきた。今ごろまだ電精器で働く労働者の仲間達は、仕事に従事している（資本家の支配のもとで、厳しい搾取と収奪のなかで）。

16時、百花マンションに到着。荷物を車から出し、部屋へ……。

九州一周自動車旅行
日数　10日間
走行距離　延べ2,905km
車種　コロナ・マークⅡ　ハードトップ2,000CC　　The　END

茶碗虫（蒸し）のうた

＊鹿児島弁の代表的な歌。当時、ニッチモ＆サッチモが歌った。

1　うんだもこら　いけなもんな
あたいがどんの　茶わんなんだ
日に日に三度も　あるもんせば
きれいなもんぐぁんさ
茶わんにひっちた　虫じゃろかい
めごなど　ケあるく虫じゃろかい
まこちげんねこっじゃ　ワッハッハ

2　うんだもこら　いけなもんな
あたいがどんの　カカアなんだ
日に日に三度も　つけもんせば
きれいなもんぐぁんさ
顔にひっちた　ケショーじゃろかい
ケショーにひっちた　顔じゃろかい
まこちげんねこっじゃ　ワッハッハ

3　うんだもこら　いけなもんな
あたいがどんの　父ちゃんなんだ
日に日に三度も　やいもんせば
そらついもんぐぁんさ
三じゃろ　四じゃろ　囲碁じゃろかい
六七とばして　パァーじゃろかい
まこちげんねこっじゃ　ワッハッハ

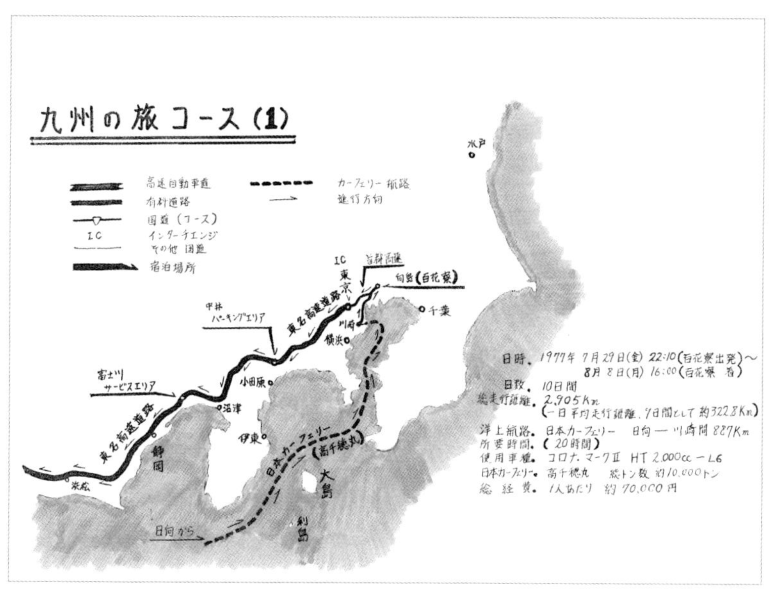
九州の旅コース（1）
高速自動車道
有料道路
国道（コース）
IC インターチェンジ
その他 国道
宿泊場所
カーフェリー航路
進行方向
水戸
IC 東京
首都高速
向島（百花寮）
千葉
川崎
横浜
東名高速道路
中井 パーキングエリア
小田原
富士川 サービスエリア
沼津
伊東
東名高速道路
静岡
浜松
日本カーフェリー
（高千穂丸）
大島
利島
日向から
日時。1977年 7月29日(金) 22:10(百花寮出発)～
8月 8日(月) 16:00(百花寮 着)
日数。10日間
総走行距離。2,905Km
(一日平均走行距離、9日間として 約322.8Km)
洋上航路。日本カーフェリー 日向 ― 川崎間 887Km
所要時間。(20時間)
使用車種。コロナ. マークII HT 2,000cc ― L6
日本カーフェリー。高千穂丸 総トン数 約10,000トン
総経費。1人あたり 約70,000円

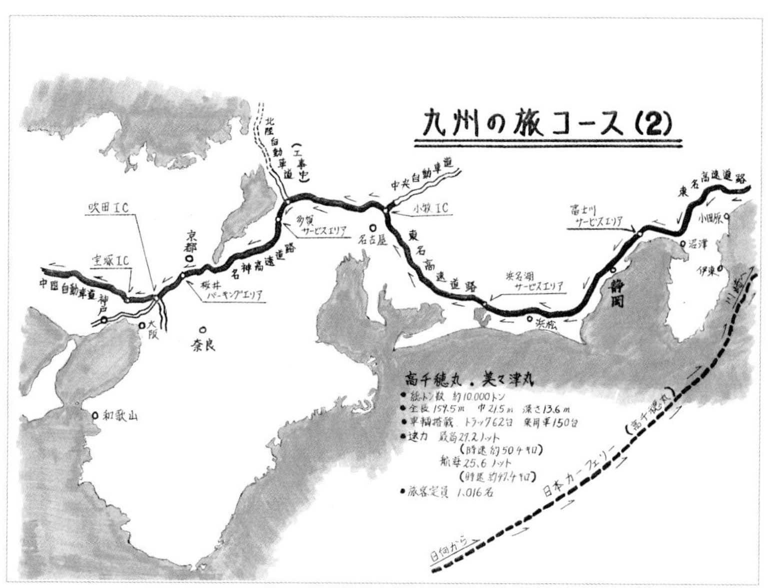
九州の旅コース（2）
北陸自動車道
（工事中）
中央自動車道
小牧IC
東名高速道路
吹田IC
多賀 サービスエリア
名古屋
東名高速道路
富士川 サービスエリア
小田原
沼津
伊東
京都
名神高速道路
宝塚IC
中国自動車道
神戸
桜井 パーキングエリア
大阪
奈良
浜名湖 サービスエリア
静岡
浜松
川崎
和歌山
高千穂丸．美々津丸
● 総トン数 約10,000トン
● 全長 157.5m 巾 21.5m 深さ13.6m
● 車輌搭載 トラック62台 乗用車150台
● 速力 最高27.2ノット
（時速 約50.4キロ）
航海25.6ノット
（時速 約47.4キロ）
● 旅客定員 1,016名
日本カーフェリー
（高千穂丸）
日向から

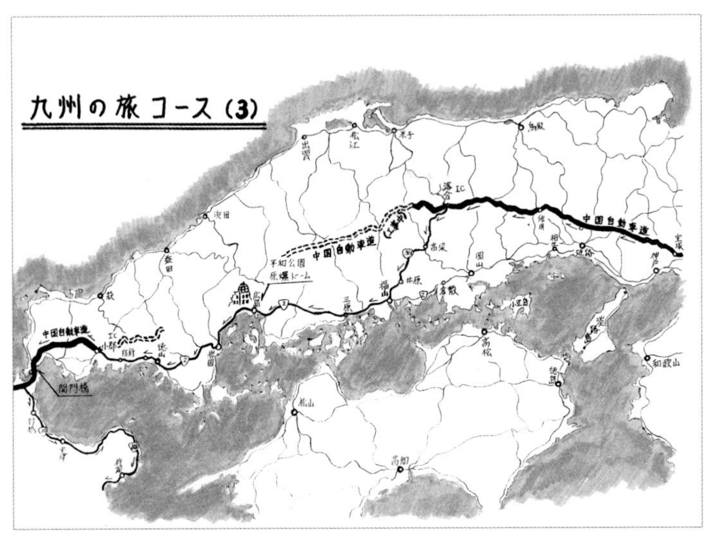

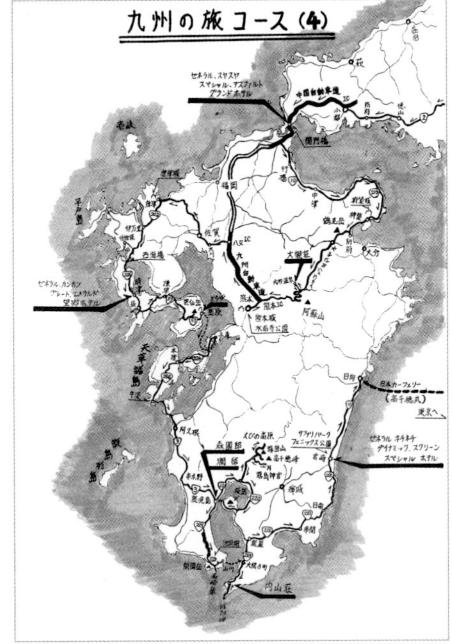

地図を拡大鏡で見て下さい。

北海道の旅

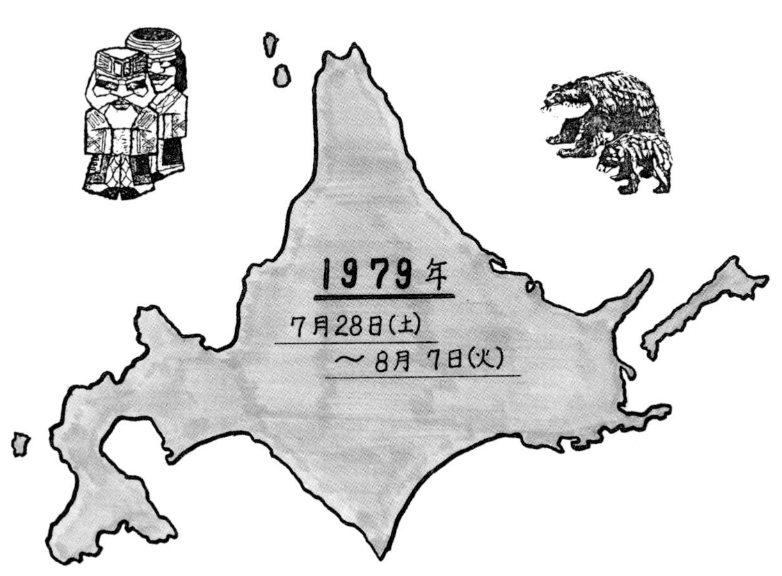

メンバー

- 野崎由美子
- 河島節子
- 大野洋子
- 川津茂夫
- 根本勝美
- 森盛一
- 木村功
- 熊田健
- 木村忠二

第６弾「北海道の旅」コース（案）について

1979年４月６日（金）

７／28（土）、PM８：00頃出発（夜間走行）
東京都墨田区（百花寮）出発＿国道４号線　34.5km＿埼玉県（越谷）＿主要地方道　13km＿埼玉県（岩槻ＩＣ）＿東北自動車道　94km＿栃木県（宇都宮ＩＣ）＿東北自動車道　113km＿福島県（郡山ＩＣ）＿東北自動車道　1112km＿宮城県（仙台南ＩＣ）＿東北自動車道　96km＿岩手県（一関ＩＣ）＿東北自動車道　86km＿岩手県（盛岡南ＩＣ）＿主要地方道　５km＿岩手県（盛岡市）＿国道４号線　16km＿岩手県（滝沢村）＿国道４号線　14.5km＿岩手県（西根町・大更）＿主要地方道　20km＿岩手県（御在所温泉）＿八幡平アスピーテライン　10.8km＿岩手県（八幡平）＿八幡平アスピーテライン　16km＿（ところ湯）＿国道341・282号線　23.5km＿青森県鹿角市（花輪）＿国道282号線　8.5km＿（十和田南）＿国道103号線　32km＿青森県・十和田湖（発荷峠）（奥入瀬渓流。十和田湖）＿国道103号線　15.5km＿青森県・十和田湖（子ノ口）＿国道102号線　15km＿青森県（十和田湖温泉）【東京から725.3km】７／29（日）、PM６：00着

７／30（月）、AM８：00出発
青森県（十和田湖温泉）＿主要地方道　20.5km＿八甲田山＿主要地方道　27.3km＿青森市＿２km＿（青森港）PM１：00頃出港＿青函連絡船東日本フェリー（大函丸）所要時間３時間50分　113km＿（函館港）PM５：00頃着＿函館山（夜景）＿函館市（泊）PM８：00頃着【十和田湖温泉から162.8km】

７／31（火）、AM８：00出発
函館市＿国道５号線　23.5km＿（大沼公園）＿国道５号線　20.5km＿森町＿国道５号線　33km＿八雲町＿国道５号線　31km＿長万部町＿国道５号線　15km＿黒松内町（蕨岱）＿ニセコ町＿20km＿倶知安町＿国道５号線　14km＿共和町（国富）＿28km＿余市町＿20km＿小樽市＿国道５号

線　18km　（銭函）　21km　札幌市（泊）PM６：00頃着【函館市から288km】

８／１（水）、AM８：00出発

札幌市　国道275号線　21km　江別市　国道12号線　22km　岩見沢市　35.5km　滝川市　主要地方道　2.5km　新十津川町　国道275号線　25.5km　北竜町　国道233号線　32km　留萌市　国道232号線　11.5km　小平町　国道232号線　31km　苫前町　8.5km　羽幌町　43km　遠別町　19km　天塩町　国道232号線　16km　幌延町　国道40号線　17km　豊富町　40km　稚内市（泊）PM６：00頃着【札幌市から324.5km】

８／２（木）、AM８：00出発

稚内市　国道238号線　32.5km　宗谷岬　63.5km　浜頓別町　33.5km　枝幸　55km　雄武町　国道238号線　21.5km　興部町　国道239号線　54.5km　下川町　18km　名寄市　国道40号線　23.5km　士別市　国道40号線　18.5km　和寒町　38km　旭川市（泊）PM６：00頃着【稚内市から358.5km】

８／３（金）、AM８：00出発

旭川市　国道39号線　27km　愛別町　21km　上川町　21.5km　（層雲峡）　11km　（大雪湖）　国道273号線　77.5km　上士幌町　国道241号線　8.5km　士幌町　27.5km　帯広市　国道38号線　14km　幕別町　国道242号線　7.5km　池田町　31.5km　本別町　16km　足寄町　国道241号線　52km　阿寒町　７km　阿寒湖畔（泊）PM６：00着　【旭川市から322km】

８／４（土）、AM８：00出発

阿寒湖畔　国道241号線　4.5km　（雄阿寒温泉）　36.5km　弟子屈町　主要地方道　835km　（摩周湖）　主要地方道　14km　川湯　８km　（仁伏温泉）　15km　屈斜路（屈斜路湖）　国道243号線　19km　美幌峠　国道243号線　28.5km　美幌町　国道39号線　14km　女満別町　19km　網走市　国道244号線　25km　小清水町（浜小清水）　18km　斜里町（泊）

PM６：00着【阿寒湖畔から310㎞】

８／５（日)、AM８：00出発
斜里町＿国334号線　37㎞＿斜里町（宇登呂）＿30㎞＿羅臼町＿国道335号線　45.5㎞＿（伊茶仁）＿国道244号線　5.5㎞＿標津町＿13.5㎞＿（尾岱沼）＿21㎞＿（本別海）＿国道244号線　14㎞＿（奥行臼）＿11㎞＿厚床＿国道44号線　18.5㎞＿（浜中）＿地方道　15㎞＿浜中町＿地方道　45㎞＿厚岸町＿国道44号線　31㎞＿釧路村＿12㎞＿釧路市（泊）PM６：00着【斜里町から299㎞】

８／６（月)、AM８：00出発　～　８／７（火）　（船中泊）
釧路市＿国道38号線　２㎞＿（釧路港）＿近海郵船フェリー　（まりも丸）＿1120km　所要時間　30時間＿（船中泊）（東京湾フェリーターミナル）
８／７（火)、PM７：00着＿10㎞＿東京都墨田区（百花寮着）PM８：00着　【釧路市から1132㎞】

コース担当者

*　　　*　　　*

北海道一周の旅

1979年４月６日（金）

北海道一周準備会

冬空の下で馬が去り羊がやってきて明るく迎えた1979年ももう３か月、皆さんお元気に活躍の事でしょう。静かに年は明け去っていっても私たちの人生の旅路には前途多難なものがありますが、健康には十分注意して限りない未来に希望をもってお互いに頑張りましょう。
さて、日本一周めざして取り組んできましたが、今までの参加者はもちろん、多くの方々の温かいご協力、ご支援により、約４年間（通算約45日）にわたってほぼ完遂することができました。発起人として心から感謝いたします。日本一周実現の感動が消えない中で、周囲の人たちの希望により、華やかな原生と花園の豊富で雄大な自然、北海道一周の旅を再び挑戦してみたいと企画しました。

この間旅を通じて得た数々の宝、それは体験した人のみが味わえた様々な人々との出逢い、美しい自然とのふれあい、そしてそれぞれの地方の見聞、歴史など参加者にとって生涯忘れることはできないでしょう。有意義だった点、改善点などの教訓を生かし、旅の中に人間と自然のロマンを求め、新しいものを発見するためにも再び参加されますよう呼びかけます。また、新しく参加しようとしている皆さん！　共に旅のすばらしさを味わい、今年の夏は北海道で思いっきりフィーバーしてみませんか！！

《案》

○期　　日　1979年７月28日（土）夜～８月７日（火）【９泊+船中１泊】
11日間

○場　　所　東北の一部、北海道一周

○コース　東京―東北の見どころ―北海道（函館の夜景からスタート）
※基本・・・（行き）東北縦断、　（帰り）カーフェリー
（１万トン　船内にないものは無い。船旅最高です― 経験者語る）詳細は参加者で検討

○参加費　一人80000円
（宿泊、ガソリン代、高速･優良道路料金、各入園料、フェリー料金、交流会、写真代、その他）
尚、一括払いもいいですが、積み立てを極力お願い致します。

○参加者及び台数　２～３台、１台に４名乗車としますので定員になり次第締め切ります。

○運　　営　「安くて安全無事故、協力し合って楽しい旅を･･･」をスローガンに全員で各分担を決めて民主的に運営します。

○その他　※１、行ってみたいところ、やってみたいこと、などは今後数回ミーテイングを行います。内容豊かにするため関係資

料を用意しておいてください。
※2、分担が決まるまで事務局として木村がやらせていただきますので宜しくお願い致します。

「北海道一周の旅」財政計画

1979年４月６日（金）

北海道一周準備会

※　参加者の負担を可能な限り少なくするため、出費の全ては会費の中からとします。従いましてお土産以外の諸経費はすべて会費支出にします。

《案》

○期　　日　1979年７月28日（土）夜～８月７日（火）【９泊+船中１泊】
　　　　　　11日間

○場　　所　東北の一部、北海道一周

1　ガソリン代
- 総走行約2,500km、
- １ℓあたり８km走行、　１ℓ＝120円（ガソリン代値上げ分含む）
- １台につき、25,000÷８＝315ℓ（小数点以下切り捨て）
- 315ℓ×120円／ℓ＝37,800円
- 37,800円÷４名（１台乗車人員）＝9,450円≒9,500円／１名

2　帰路、カーフェリー代
- 帰路（釧路→東京）
- １台37,000円（運転手1名含む）
- 乗船料
  イ　２等船室（大部屋・団体用）、11,500円
  ロ　特２等船室（４～６名用和室、洋室）、15,300円
- 乗船料内訳
  イ　（37,000円＋11,500円×３名）÷４名＝17,875円≒17,900円／１名
  ロ　（37,000円＋3,800円＋15,300円×３名）÷４名＝21,675円
  　　≒21,700円／１名　（3,800円は個室使用料）

3　宿泊代
- １泊１名4,000円　（場所により、キャンプ、民宿等利用しますので実

際より低い料金です）

・4,000円×８泊＝32,000円／１名

4　昼食代

・１日500円／１名　　500円×10日＝5,000円／１名

5　高速道路代

・東北自動車道・岩槻—古川（宮城県）　4,100円／１台

・東北自動車道・古川（宮城県）—盛岡南　約2,900円／１台＝合計7,000円／１台

・7,000円÷４名（１台乗車人員）＝1,750円≒1,800円／１名

6　往路、カーフェリー代

・往路（青森→函館）

・１台11,500円（運転手１名含む）

・乗船料金、4,200円／１名

・11,500円+（4,200円×３名）÷４名＝6,025円
≒6,000円／１名（100円以下切り捨て）

7　雑費・予備

・１名につき１日500円（観光地の入園料、入場券、一部の有料道路、その他）

・500円×10日＝5.000円／１名

8　１名当たりの費用合計

イ　9,500円＋17,900円＋32,000円＋5,000円＋1,800円＋6,000円＋5,000円
＝77,200円　≒78,000円／１名

ロ　9,500円＋21,700円＋32,000円＋5,000円＋1,800円＋6,000円＋5,000円
＝81,000円／１名

※　事務局としては、前回ミーテイングの時１名当たり70,000円としていましたが、青函フェリーを使用しなかったこと、さらに１万トンのフェリー内でゆっくりとくつろぐ為、釧路→東京間、特別２等を利用したいと考えています。この場合会費１名当たり80,000円となります。

北海道一周準備会、事務局

「北海道一周の旅」財政計画変更について

1979年７月６日（金）

北海道一周準備会

【基本内容】

※　参加者の負担を可能な限り少なくするため、出費の全ては会費の中からとします。従いましてお土産以外の諸経費はすべて会費支出にします。

《案》

○期　　日　1979年７月28日（土）夜～８月７日（火）【９泊+船中１泊】11日間

○場　　所　東北の一部、北海道一周

【変更内容】

１　ガソリン代

・総走行約2,500㎞、

・１ℓあたり７㎞走行、１ℓ＝125円（ガソリン値上げ後)、１台４名乗車

・１台につき、2,500㎞÷７㎞＝357.14ℓ（小数点以下切り捨て)

・357ℓ×125円／ℓ＝44,625円／１台

・44,625円×２台＝89,250円

・89,250円÷８名＝11,156.25円（100円単位繰り上げ）≒11,200円／１名

２　帰路、カーフェリー代

・帰路（釧路→東京)

・１台37,500円（運転手１名含む)

・乗船料

~~イ　２等船室（大部屋・団体用)、11,500円~~

ロ　グリーン船室（4～6名用和室、洋室)、15,300円

・乗船料内訳

~~イ　（37,500円＋11,500円×３名）÷４名＝17,875円　≒17,900円／１名~~

ロ　（37,000円×２台）＋（15,300円×６名）＋（3,800円×２名）

８名参加として

75,000円＋91,800円＋7,600円＝174,400円

174,400円÷８名＝21,800円／１名

3　宿泊代

・１泊１名4,000円（場所により、キャンプ、民宿等利用しますので実際より低い料金です）

・4,000円×８泊＝32,000円／１名

4　昼食代

・１日500円／１名　　500円×10日＝5,000円／１名

5　高速道路代

・東北自動車道・岩槻―古川（宮城県）　4,100円／１台

・東北自動車道・古川（宮城県）―盛岡南

約2,900／１台＝合計7,000円／１台

・7,000円÷４名（1台乗車人員）＝1,750円（1,000円単位繰り上げ）

≒2,000円／１名

6　往路、カーフェリー代

・往路（青森→函館）

・１台11,500円（運転手１名含む）

・乗船料金　2等、850円／１名

・（11,500×２台）＋（4,850円×５名）=27,250円

・27,250円÷７名＝3,892.86円　（1,000円単位繰り上げ）≒4,000円／１名

7　雑費・予備

・１名につき１日500円（観光地の入園料、入場券、一部の有料道路、そ

の他）
・500円×10日＝5.000円／１名

８　１名当たりの費用合計
（１）11,200円＋（２）21,800円＋（３）32,000円＋（４）5,000円＋（５）2,000円＋（６）4,000円＋（７）5,000円＝（合計）　81,000円／１名

北海道一周準備会、事務局

＊　　　　＊　　　　＊

「北海道一周の旅」装備品、任務分担

1979年7月6日（金）

１【共同装備】
◎共同
記録用カメラ【木村（功）・川津】、ラジオカセットレコーダ【森、川津】、ラジウス2個【川津】、コッヘル（２個）【木村（功）・川津】、シート【木村（忠）・熊田】、寝袋【木村（功）、川津】、毛布（４枚以上）【木村（忠）・大野】、食器【木村（忠）・熊田】、ロードマップ【木村（忠）・川津】、日記、ノート【川津】、食器救急用具一式（車の酔い止め・外傷・頭痛・腰痛・その他）【熊田・大野】、トランシーバー【木村（忠）】、懐中電灯【森】、テント【木村（功）・木村（忠）】、歌集【熊田】、民宿・宿ガイド【川津】、ビニール袋【熊田・大野】、ハンゴウ、2個【川津】、アイスボックス【木村（忠）】、包丁【大野】、ナイフ【木村（功）】、まな板【小森】、ポリタン【川津】、ビニール紐【木村（忠）】、割りばし【川津】
その他は個人で！

２【個人装備】
◎各自
洗面用具、タオル、雨具（傘・ヤッケ・etc.)、保険証、免許証、ポケットマネー（若干の小遣い)、防寒具（セーター類)、着替え（下着含む)、book（読書用)、ティッシュ、筆記具、カメラ（個人管理)

３【任務分担】
○総責任者・・・・・・木村（忠）
○運転責任者・・・・・木村（忠）
○サブ運転責任者・・・熊田
○コース責任者・・・・川津・根本
○会計・・・・・・・・野崎・森
○衛生、救護担当・・・大野
○食事担当・・・・・・川島
○渉外担当・・・・・・木村（功)、川津
○記録担当・・・・・・川津

以上〈旅の事務局より〉

＊　＊　＊

北海道の旅
1979年（昭和54年）７月28日（土）～８月７日（火）

メンバー　大野洋子　河島節子　川津茂夫　木村功　木村忠二　熊田 健
根本勝美　野崎由美子　森 盛一〔50音順〕

1979年７月28日（金）午後11時28分15秒

明月にて、北海道旅行最後（出発前）の打ち合わせ。木村（忠）、木村（功）、森、根本、熊田、小森、川津、大野、計８名。MEIGETSUサミット会議である。

木村功さんと北海道での接続の打ち合わせ。本日のサミット下品館のメニューは、レスカ×3、アイスティ×2、アイスミルク×1、ホットコーヒー×２

MEIGETSUサミット会議終了。

１号車の日記

７月28日　土曜日

午後12時10分前、いよいよ北海道へ出発。運転手の川津さん、ネムタソウ。皆様、一生懸命打ち合わせていらっしゃるが、小生カッタルクて、眠い！

出発時の参加者、木村（忠）、熊田、森、根本、川津、大野、小森。

この旅の目標（２号車）

１）やせる事

２）嫁さんをさがす事

３）彼女を見つける事

１）　イ…川津　73kg　→　68kgに減らす

ロ…大野　64kg　→　60kgに減量

ハ…根本　59kg　→　55kgに減量

この約束、必ず努力し実現しよう。

7月29日　日曜日

午前2時、佐野インターにて約5kg減量するため、トイレから車までマラソンする。ゼネラルカンカンが大歓迎する。

4時、目覚めると、宮城に入っていると川津さんが言う。見ると、ものすごい雨。根本君とオレが眠っている間、独り、夜と雨と疲労（？）の闘いをしていたのか……？！

7時37分、一関トンネル突入。運転手は根本君。

7時38分、一関トンネルを抜ける。チンコン カンコン（速度警告ブザーの音）。

7時41分、平泉の忠さんちに到着。いや間違った、中尊寺のパーキングエリアに到着。森君、根本君がグローブを取り出し、キャッチボールを始めた。私は煙草を吸いたくないのに……大野さんと根本君は？

南こうせつとかぐや姫の「僕の胸でおやすみ」を聞きながら、平泉トンネルを抜ける。依然、東北自動車道を盛岡に向かって走行中。雨が降ってきた……またも。大野さん、なぞなぞの本を真剣に読み始めている。ときたま一人で笑っている。どうかしたのかな？

8時50分、紫波（しわ）パーキングエリア通過。どうやら、やっと陽ざしが見えてきた。

9時3分、盛岡南インターチェンジを出る。岩槻　→　盛岡南　5,300円（普通車1台）です。車は**盛岡市**内に入り、国道4号線へ左折。途中、吉菊酒店に立ち寄る。お酒を買うならここで。いらっしゃいまし……。

9時13分、銘酒・岩手川。盛岡市内でインベーダーハウスを発見。インベーダーは盛岡市にも侵略してきている。地球を守れ根本君（隊員）。

9時40分、小森宅着。岩手県岩手郡滝沢村牧野林

小森郁子さんの両親をはじめ、お姉さんとその子供さんのまゆこちゃんが出迎えて、盛大な歓迎をしてくれた。

13時26分、小森邸を出発。ここで小森郁子さんとも別れ、北海道へ向けてGO。小雨の降る中、小森家の家族に見送られての出発。出発前「そうめん」をご馳走になる。小森家を離れ、国道4号線に入る。ここから、野崎さんも参加。車は北上川に沿ってひた走る。

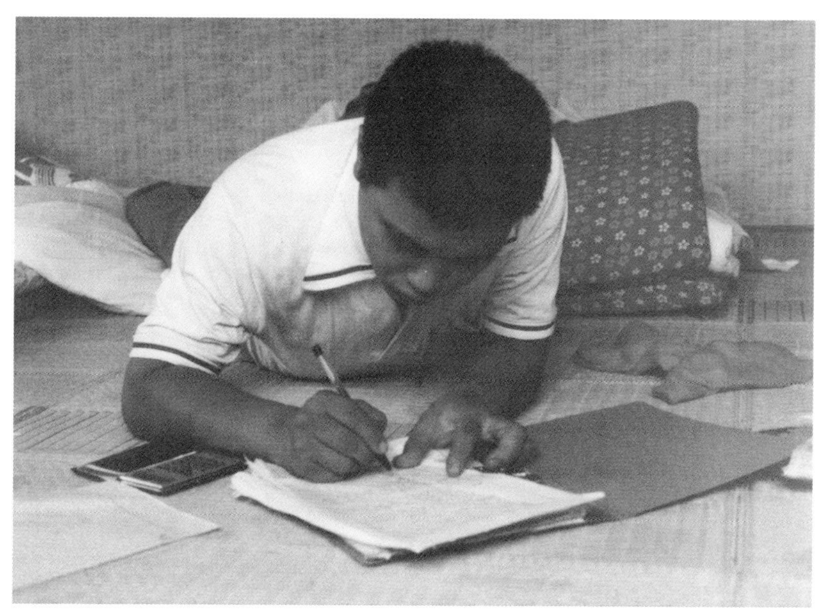

旅の記録をつける川津茂夫

……目が覚めた川津君、ここはどこ？　な、なんとまだ４号線を走っている？　そんなばかな！　たしか国道282号線に入らなければならないはずなのに！　八幡平の方向とは違っている。結局、八幡平には行かず、十和田湖へと車を走らせる。

15時、一戸（いちのへ）駅にてトイレを借りる。根本君、大野さん、駅前の駐車禁止場所に車を止めたところ、岩手県警のパトカーが来て、免許証を見せてくれと、根本君にせまった。免許をとって１年どころか、数か月しかたっていない。そのため、初心者マークを付けなければならないのだが、根本君の口のうまさで、交替で運転しているとうまくかわした。

警察官は「旅行ですか」、「どこまで行くのか」とたずね、「気をつけて行くように。今、取り締まりをしているから」と言って去って行った。トイレをすませ、トランシーバーの電池を買って出発。目指すは付近のドライブイン（休憩のため）。二戸（にのへ）駅の手前で窓をあけて走っていたら、対向車の大型トラックに水をひっかけられた。口をあけていた運転手の根本君の口の中へ、その水が入った。その時根本君は、青白い顔をして、一時あせったようだ。根本君ついに言った！　「ウチに帰りたい」。まさしく本音、涙を流しすがるように言った。とうとうホームシックにかかったようだ。出発してまだ１日目だというのに、この先どうなることやら……心配！　車は国道４号線を三戸（さんのへ）で左折、国道104号線に入った。

16時、104号線を走行中。太田裕美の歌を聞きながら……。「木綿のハンカチーフ」を聞きながら、田子町を通過。♬ネェ　涙ふく木綿のハンカチーフください　ハンカチーフください♬　のどかな田園風景の中をスィスィ。稲の緑の葉が雨あがりの農村にひときわ映える……。国道104号線を走っているが、根本君に言わせると、道が狭くてデコボコしているので「酷道」だそうだ。

16時50分、国道104号線を右折、国道103号線に入り、十和田湖へ。

16時55分、発荷（はっか）峠着。

17時８分、**十和田湖畔**にやっと着く。１号車は根本君から川津さんに、ドライバータッチする。しかし、雨男の根本君のせいか、雨色一色。何も見えず、カーブが多いため美しいはずの字もミミズがのたくっている。小生、少々気持ちが悪くなる。二人の男性は運転に夢中でボソボソと話すだけ。せめて、美味しいものか、面白い事がないのだろか、と書いているうちに、湖畔の民宿探しにとりかかっている。今夜は畳の上でぐっすり眠りたいし、ドライバー諸君には特に休養を！　良い宿が当るように、お祈りひとつ。

18時、十和田湖畔、川村旅館着。いろいろ民宿をさがし廻ったが、結局旅館。一泊二食4,000円で泊まることになった。さっそく、熊田君と森君が風呂へ行った。

19時、食事（夕食）の準備が整ったとのことで、隣の部屋へ。ビール乾杯。カラオケ演奏でカラオケ大会を行なう。曲目は……星影のワルツ、夢追い酒、おもいで酒、北国の春、みちづれ、浪曲子守唄の６曲。日頃、ペニーレインやスナック「大物」、ジュン、リズなどで鍛えてきた声（のど）を披露した。

夕食を終え、次の部屋でTOWADAサミット会議を行なった。会計及び監査、コース担当、渉外、救護などの各首脳陣が出席。第２回サミットはまあまあ何とか会議になったような、ならなかったような、とにかく、会計については慎重に検討を重ねているようだった。

７月30日　月曜日

７時、熊田君が全員（男性）を眠りからさます。コラ！　起きろ、７時だぞ！！　牙（歯）を磨きに熊田君が洗面所へ。依然として、森君だけは眠っている。続いて、旅館の女中さんが床をあげにきた。しかし、森君はまだ眠っている。旅館の従業員に布団を取られ、やっと起きたが、それでも壁に寄りかかって眠っている。それを見た旅館の女中さん「アラ！　この人起きても眠っている」と言った…… ？

８時、朝食を終え、本日のコースを打ち合わせ。早朝サミットである。

８時25分、宿泊費を支払う。31,360円

９時40分、十和田湖神社と湖畔の乙女像の前で記念撮影！　さぁ出発。

10時20分、奥入瀬で記念写真をということになる。女の子二人連れにさっそく忠さんが親切にしている。川津さんは住所をしっかりとメモしてもらい、そのメモを大切そうにしまったかどうかは定かでないが……。

川の流れ速し。これからの旅、また険しいのだろうか。

10時25分、車中、根本君、さっそく「女子高生はいないかなあ～」と、よだれを流して願望をこめて言う。

10時32分、女の子３人連れにクラクションを鳴らすが、無視される。カワイソォ～！

10時45分、大野さんにかわり、今度は私めがこちらの車に乗りました。こちらは私め入れまして３人。きっと静かだったろうなあと思いきや、なんと、カセットがうるさくて眠れやしない。あ～あ、私め寝てはいけないのだろうか。そりゃ～さ、運転手さんは一番大変だろうというのは、わかんだけどね。さあ～、私め寝ないでがんばるゾ。仲間に入れてね。前のお二人さん、よろしく！　勝美ちゃん、今度の旅行は恋人さがしだそうですね。でも、第１日

目は見つからず。きっとずっと、めっからないのでは。でも話によると、10月までには彼女を見つけるとのこと。焦らず、落ち着いて見つけてくださいね。それとも、唾をつけている子がいるんじゃない。「あ！　あの人かわいいと思ってる人いるんじゃない。」「エ〜〜」勝美ちゃん曰く「この頭、すずめの巣みたいな頭じゃ、彼女無理だなあ」と苦し紛れに言っていましたゾ！！　でもね、私め思うのです。そんなことない。頭が悪けりゃあ顔でカバーせい。そんなに素敵な顔をもってるではないか。大丈夫だ。心配するなよな！

11時36分、由美チャン、研ナオコの歌、うまいネェ。顔まで研ナオコに似てきたゾォー。

12時５分、**岩木展望台**で休憩。勝美ちゃん、向こうの車に行っちゃったのです。だんだんと晴れてきました。陽があたってきました。勝美ちゃん、控えだったそうですが良かったね、雨男じゃなくてね。もうこれで安心です。きっと今日は天気もいいですよ。青森市外もきれいに見えました。これから青函連絡船をめざし、車は進んでいます。「海の波がゆるやかだといいんだけどなあ」と由美子。「海の波荒れるといいんだけどなあ」と森君。さあ、どっちかな！　窓をあけているんだけど、車内はポカポカしています。どうしてかな。勝美ちゃんが暖房切り忘れちゃっていたのかな。あ〜あ、あついあつい。只今、**青森市**内を走っております！

14時20分、これから連絡船に乗ります。ご飯も食べまして、お腹も一杯です。私めは、なんせ初めて、ドキドキ、ワクワク。もうダメ、胸がはりさけそうです。中はどうなっているのやら、お部屋のようになっているのかな。どんなんだろうなあ〜。

14時25分、今ね、車並んで待ってるの。なかなか進まないの。どうしたのかな、なかなか進まない。いっぱいだからね、混んでるんだね！

14時40分、東日本フェリー（青函連絡船）に乗船。初めて車に乗ったままフェリーに乗船を経験した方、どうでしたか？　さっそく２等船室に入り、トランプ、セブンブリッジを行なうことになった。熊田君、森君、根本君、木村(忠)さん、野崎さん、川津君、大野さんの計7名が船室で輪を囲み、さっ

７月30日、青森県八甲田山頂のすいれん沼で、川津茂夫。

そくゲーム開始。セブンブリッジを知らない大野さんも交え、まず練習。つまり、初心者も交えてのセブンブリッジの講習会である。木村（忠）さん、野崎さんの両コーチの指導の下に、全員が練習に参加。

14時48分、船が動き出した。

15時、トランプ練習中止。船が動き出したため、みんな外へ。カメラや双眼鏡、望遠鏡を持って飛び出した。はしゃぎすぎて海に落ちるなヨ。

16時30分、右手に下北半島を眺めながら、船は津軽海峡へ。次第に波も荒く、船の揺れ方も激しくなってきた。下北半島の先端を右後方に、船は津軽海峡へとびだす。ますます揺れが大きくなってきた。

♬上野発の夜行列車降りた時から　青森駅は雪の中　北へ帰る人の群れは　誰も無口で　海鳴りだけを聞いている♬

なんて、「津軽海峡冬景色」を唄いながら……。

大野さん、熊田君、根本君、野崎さん、木村（忠）さんの5名は、船室に横たわり、というより……とぐろを巻いて寝ている。思い思いに、そして自由に、ある人は眼鏡を頭へずらし、お腹を抱えている。また、ある人は腕を下にして、腕の痛さをこらえ寝ている。ある人はニヤニヤ微笑している。またある人は、口から銀色のしずくをたらしながら……。

17時15分、フェリーにて。人生二度目のこのフェリー、外はあまり見たくない。それは、約２年間のオーバーホール出張という日本各地の出張旅（？）で、よく見ているからかもしれん……。まあ、今日は眠いのが本音だろう。人生約１／３以上生きてきても、旅はいいものだ。いつも若いものと一緒、多くの人たちと一緒、その中の一人でいたい。それにしても、このフェリーの２等室（大部屋）の中、多くの人たちの利用したあとらしく、集団の汗の臭いがプーンとする。気にしなければそれでいいが、私、戌年のためかハナがよすぎる。それにしても臭う。少々頭痛気味になりそう。みんなそれぞれ自由時間を活かし、昼寝している。

笑い疲れていた由美、今までママと離れ一人歩きをはじめた子猫のようにかわゆい寝顔。誰にもどんな美しい女性にも負けない女の性と気迫をもった大野さん。今はコブラツイストもできず、手をあの胸に組み、静かに目を閉じている。やはり彼女もしょせん女性である。やはり笑いの大胆な熊ちゃんも、今は静かに両腕を組み昼寝である。寝るのは夜だけで充分と言っていたが。なぜか環境に屈してしまったのか……。いや、これは人間が環境を征服する場合、一つの事を終え、次の手段を果たす時のひと休みなのだ。北海道はじめての、そして男心も、物事への情熱も充分ある。そして、やさしさを感じる根本君、「ここが俺のいいとこさ」と口では言わない、いいところある若干未成年の彼。父を離れ、母をふるさとに残し、二人の兄弟を共に育った地、白河の里において、日本の首都（国際的には先進国で有数の会場にしたてた）に夢と希望を持ってとび込んできた。我々は、いちおう先輩というケチなことではなく、一人の未来を創造する人間として彼の将来が素晴らしい人生であるよう、ともに励まし、援助しようではないの。ネエかっちゃん、もう５時40分。「ああ気持ちがよかった」と洋子のお嬢さん、今起きたのと思ったら、１分後にまた寝てしまった。もうここで起きないと希望がかなえられないですヨ。

17時56分、もう北海道の“大陸”が見えてきたと、外から入ってきた熊田君、メガネがくもってきたと……。その時私、函館山の付近の海で漁り火が今ごろ見えるという話をしだしたら、小柳ルミ子の「イサリ火恋唄」に話題が変わった。大野女子は「イサリ火恋唄」を「イサラ火恋唄」と言ったため船室にいた人々が爆笑。イサラ火というのは埼玉の語なのか。森君、根本君、野崎さんの３人、セブンブリッジを始めた。私の前でトランプをしている野崎さん、ハートの７、ダイヤの７・２・10、ハートの12、スペードの10・12を持っている。

18時17分、函館港到着のアナウンスが流れる。

18時35分、**函館**港に接岸。ドスンという振動とともに、岸壁についたようだ。函館港を出発。いよいよ「蝦夷地」エーゾー、エーゾー、運転手の根本君、安全運転お願いしま～～す。後席に座っている野崎さん、お菓子に噛みついていた。車は函館市街を通り、一路湯の川温泉へ向かってgo go。後ろの車の助手席に座っている森君の姿が見える。森君の顔は右下の通りの悪人風。

19時24分、入川ホテル到着。木村(忠)さんのパパが経営しているとか？　さっそく部屋へ案内される。なかなか大きなホテルである。国道278号線を走って、湯の川に入り、左手にネオンが輝いている。部屋は306（女性)、307（男性)、308（男性)。部屋に荷物を置き、さっそく食事の用意ができている食堂へ……。いくつもあるテーブルの一角に「木村様」と名の入ったテーブルがある。さァ食事、さすが高級でもないが……ホテルである。食事のメニューの豊富なこと、海産物が多いことをとってみても、北海のイメージが出てくる。ホタテ貝、カニ、マグロの刺身、シオカラ、イカサシ、お吸物、日本ソバ etc などなどと豊富。しかし……それにもかかわらず、な、な、なんとやはり文明の発達か、人類が進化したのか、貝類や魚類がきらいだと言う人が出てきている。日本の政治の悪循環が生み出したのか、それとも、資本主義国の悲運なのか……（オーバー

かな)。アーダノ、コーダノ、と言いながら、まるで初めて旅をした子供みたいに、おかずをつまみながらの雑談。なんだかんだと七転八倒しながらも、なんとか事故もなく食事を終えた。

20時30分、食事を終え、さあ函館山へ Let's go。世界三大夜景のひとつ、函館はナポリ、香港と並んで世界的にも有名。その函館山へ向かって……。

国道278号線を函館山へ向かって、前方右の方に函館山頂の展望台のあかりが見える。函館山頂に着く。しかしなんとガスがかかって見えない。100万ドルの夜景もこれでは50円位かな……。森君、野崎さん、大野さん、木村（忠）さん、根本君、熊田君とみんなこの函館の夜景を見るのは初めて。この夜景の素晴らしさを自信たっぷりに、この旅行を企画する時に言い切った責任上なんとしても……すると、天の助けか、神のたすけか？？？　今まであんなにガスがかかっていた山頂が、なんとウソのようにガスがとれて、その絶景が目前に現れた。みんなその美しさに見とれ、ある人は「きれいだ」の語を連発し、ある人は心の中で「なによ、私の方がきれいだ」と言ったとか、言わないとか。口々に、きれいだとは誰もが言ったのではないかナ。

そんなこんなで、根本君はこれが最後とばかり、少しでも高い所から夜景を見ようと、必死。函館山を下りて函館の中心街を通り抜け、宿泊場所の入川ホテルへ。夜景の美しさの余韻が車の中にゼネラルムンムン……。

22時30分、入川ホテルに到着。森君、根本君、野崎さんの３人、さっそくテレビゲームを始める。

23時15分、筆をもつ。〔木村（忠）さんか？〕

前回来たときは、不運にして函館山からの夜景は拝めなかった。今度こそは……チャンスは我々に、今その希望が叶えられようとしている。夕食の時間、本来ない「ビール１本ずつぐらい」というところ、これから車を運転するため。これ絶対禁酒である。夕食はなかなかの料理、やはり函館でちょっとしたホテルである。海の幸を中心に約８品の料理、いくらかな。うちのパパが経営なのだから無料でいいはず……。料理の約１／３は食べても残りの２／３は嫌いであると食べない由美子。誰がこんな人間にしたのか、迷惑なのはホテルのコックやお手伝いさん、そして最も苦しみ、最も今後の彼女自身の生活を考えると、黙っていられなくなるのは当然だろう。さあ、これを食べてゴラン、まずくないから……と、説得する。食べなきゃだめっ……と、何回も「注意」をすると「そうー」と静かにそのいやなものを口の中へいれる。その時の手つきと表情（顔）……。そうしている間に、今まで手をつけなかった料理、もう彼女の“イブクロ”の中へ入ってしまった。ホントは食わず嫌いなのである。だから、食べられないのではなく、食べないのだ。誰かが無理に言ってあげる人がそばにいないと、いつまでも彼女はおいしいものを食べずに一生を終わってしまう。きっと、彼女のイブクロはもちろん、体の多くの部分が好き嫌いのない彼女であってほしいと願っているに違いないでしょう。他の人たちも同じように、今後好き嫌いをできるだけなくすよう努力しようネ、自分自身のためなのだから。

夜10時30分ごろから11時30分まで一斉に風呂に入った。約20名程入れる風呂に２～３名ぐらい、夜のプールにでも入っているようである。インベーダー（テレビゲーム）に熱中する森、根本、しかし不調のようで、100円の玉がどんどん消えるみたい。

23時40分、函館サミット開始。HAKODATEサミット、７月31日の打ち合わせ。内容はビール３本、ジュース５本。会議はまず忠ちゃんの出張（仕事で）のエピソードの話から始まった。ものまねとそしてリアルな口調は落語家も顔負け。サミット会議で焦点は何といっても明日の昼の食事を何にするか……。結局、ラーメン、ソーメン、カレーライスに的が絞られた。そしてその結果、ソーメン、野菜サラダに決まった。野崎さんが花嫁修業として、明日の昼食のソーメンを作るそうです。どうぞご期待下さい。ほんとうは期待していいのかナ。まんず、とにかく何事も練習から……。花嫁になるのはいつのことやら……。

午前０時36分、HAKODATEサミット会議もこれで終了。おやすみなさい……突然電話のベルの音が、静かな３部屋に鳴り響いた。怪奇的なその電話に大野さん、森君が心配そうに若干「おばけでも出たかのように！」あわてて入ってきた。結局、フロントor事務所からではないかということで解決。やっとの事で寝ることになる。今度こそおやすみなさい、みなさん……と、その時（０時52分）今度は根本君が、電話がかかってきたと、308号室に入ってきた。根本君が言うには、きっと口さけ女の仕業だと言う。電話のベルの音がこんなに大きな問題になるとは？　電電公社も大変だナ〜。「まちがい電話、すみませんの一言を！」（電電公社）

問題はますます大きくなり、根本君、口さけ女がこの付近つまり湯の川温泉にいるのではないか、という話も飛び出した。この問題、明日７月31日、車の中で、食事の時になど様々な場所で話題になりそうだ。さて、後からトイレをすませて入ってきた森君もすっきりした顔で308号室に入ってきた。森君もこわいのかナ。

１時５分、この問題ひとまず終止符を打ち、森君、根本君は自分たちの部屋である307号室へやっと戻った。さわがしい夜であった。今度こそ、ほんとうにおやすみなさい、みなさん。明日も楽しい旅に共にガンバロー。安全で健康で過ごす事ができるように……☆☆☆☆☆Ｚｚｚｚｚ！　ムニャムニャ　スャスャ　ゴロニャン　ニャーオー　ゴロゴロ、ニャーオー

７月31日　火曜日

７時、熊田君の第一声。「起きろ〜〜？」の声とともに今日の１日が始まる。朝食、そして洗濯、車の清掃、ホテル入川出発。

９時15分、朝から金がもうない……と郵便局を探す。車中より美人数人に尋ねると、皆まちまち。最後の美女をたよりに大きな交差点を左に曲がり、拓銀の向こう側に小さな郵便局を見付ける。さあ〜お金を出そう！　森君が通帳を持って、疑う余地もなく自信たっぷり、北海道相互銀行に入って行く。“あれ？？”すぐにニガイ顔、いやテレくさい顔をして出てくる。誰でも郵便局だなんて思わない程のところをまちがえるなんて、あ〜　あ〜あ！　これが**函館**出発の朝である。

10時、五稜郭見学後、車に乗る。暑い、焼けてしまいそう。冷房を入れようと思ったら、誰かさんがHotにしている。数分経過……涼しい風がキャンディーズの歌声にのって流れている。これこそ、真夏の北海道の始まりナノダ！　国道５号線を一路札幌に向けてGO GO!

11時、キャンディーズの歌にあわせて根本君が歌っている。すると急に「はあ11時だ」と。川津さんと私「致命的だ」。外は松並木、まだまだ大沼公園まで遠いのかな。

11時20分、大沼公園着。トイレの前で一人ずつ見合い写真をパチリ。橋の上で記念撮影。

11時40分、大沼公園出発。運転手はかわって根本勝美君。

11時55分、森町に入る。キャンディーズの唄にのせて、車は快調にスイスイ。デッカイドー　ホッカイドー。二人で行くジャルパック？　海が見えてきました。一文字、「森」の標識が見える。海を見た大野さん、突然の青さと広さに感激し、狂う。とうとう自然の中に戻ったか、あァ～自然がこわい。前で運転している根本君、首を絞められるのではないかとおびえている。カワイソー。またまた海を見て発狂する大野さん。大野さん曰く「海を見ていればいつ死んでもいいと思う」。それを聞いた根本君、「なに、ほんと！わァー？」と。

八雲町に入る。国道５号線を走行中、右手は広々とした太平洋、左手は緑に包まれた山並み。きれいだ。天候、快晴。鳥になりたい。海はいいな。泳ぎたい。鳥になって飛んでみたい。翔んでる女、大野さん。どっちかというとアホみたい。当年とって26歳、独身。誰かもらってぇ～？　それを聞いた根本君、「ネェ～？　もうそんなになるの（歳のこと）」と驚いたような声を出す。大野さんが狂言をはく。

「私はどっちかというと、おとなしいのよ」

なに！　それを聞いた根本君「おとなしい？　おとなしい人が電柱にしがみつくはずがないだろう」と……。窓をあけていると、時々いい臭いがしてくる。「やったナ」と大野さん。

12時46分、足を出して寝ていた森君（１号車）の足に、へのへのもへじを書く、足の裏に……。

13時15分、八雲町のマーケットで昼の食事の買い物をする。ソーメン、野菜サラダ。

13時20分、レストラン・オシャマンベに着く。さっそく、昼食の準備にとりかかる。ここのレストラン、海の側、防波堤のそばにある。古びた小さな小屋の前の空き地で、さっそく炊事道具を出して準備を始める。

前は太平洋、後ろは緑の台地が連なっている。車２台の間を利用してラジウス（アウトドア用のバーナーのこと。スウェーデンのブランド名がRADIUS）に火をつけ、鍋をかける。野崎さん、大野さんの二人は、花嫁修行に一生懸命。野菜を切ったり、洗ったり、まずは初歩コースから……。海の向こう、右手の方に駒ヶ岳がかすんで見える。森君、根本君の二人、パンツ一つで海に出ている。海は真っ青。聞こえてくるのは波の音と……国道５号線の車の騒音。ときたま、函館本線の列車が通り抜ける。まったくのどかな、さびれた風景である。さあ、食事。そうめん。１回目はなんとか出来上がったが、２回目は失敗。なんと障子を貼る糊になってしまった。私たちはスズメではないのであるからして……？　デザートにメロン、スイカ。暑い陽ざしの中での昼食。メロンについて一言。大きいメロンはデカメロン。小さいメロン　コメロン。優良メロン　エーメロン。

14時、食事を終え、そして片付けも終え、さあ出発。目指すは札幌。延々と続く牧場地帯（左手)、はるか彼方水平線をながめ（右手)、直線コースをスィスィ。

16時27分、**長万部町**のガソリンスタンドに入る。木村（忠）ちゃんが、オイル注入口を引っ張り出しあわてていた。スタンドのお姉ちゃんもあせってとび出して来たが……、あまり知らないものには手を出さない方がいいと思うヨ！　きっと（忠）ちゃん、ホースがのびてきたので、もしガソリンが先端から飛び出たらどうしようと思って、あせったのではないかナ。

16時38分、ガソリンスタンド出発。長万部の町を通り抜け、左折。国道37号線と別れ、国道５号線を山へ向かって、海とも離れる。西側に山々が連なる雄大な眺めである。さァすがデッカイドー　北海道。

牧場風景とトラクターを見た大野さん「やァ、やっぱり、ヤンマーだんべ」とすっかり農村の風景にひたっている。音楽に合わせ、手をたたいている大野さん。この音楽を民謡にしたら、いなかっぺ大将みたいに踊りだすのではないかナ。

延々と続く山の中、まわりの景色は牧場と山林。白樺の木が緑の中に白く目立つ。依然として、国道５号線を走行中、スィスィ、ツバメのように。運転手は根本君。倶知安まであと34km。

17時20分、正面右手に「羊蹄山（ようていさん）（蝦夷富士）1893km」を発見。頂上を雲に隠し、スラッとしたスカイラインが美しい羊蹄山が左手に近くなってきた。前にトラック（大型）が坂を登っている。なんと約20kmの速度でイライラしてきた大野さん、「何してんの～！　追い抜こうよ」。次の登り坂になってトラックのスピードもダウン。平地の直線コースで対向車がなくなったので、前のトラックを追い抜いた。その時の大野さんの喜びようは滑稽だ。車が反対車線に入るか、入らないかの時から急に騒ぎだし、「それ行け！　それ行け！」。そしてちょうどトラックを抜く時、「バカメ」と一言。山の空気の薄さが影響したのか？

しばらくすると、自衛隊の車がまたも私たちの車の進行を妨げている。自衛隊に頭に来た大野さん……しかし自衛隊じゃオイソレとは抜けないわネ。

自衛隊の車が右折。すぐに大きな看板で「美しい郷土を守る自衛隊」と書かれていた。それを見た大野さん、「なにが美しい郷土を守る自衛隊よ。私達より差をつけやがって」と……。私は何もウソを書いているわけではない。これは事実ドキュメンタリーである。大野さん、狂言をはく。「私が新婚旅行へ行く時は南国にする」と……なぜか？　北海道では、今日のこの旅が真実を曲げずに思い出されるからだ。誰もが事実をかくしても、それはいつか破れる。真実は正義である。運転手の根本君の髪をつかんだり、後ろの席で暴れたり、モ～ッたいへん。

18時14分、共和町（国富）を通過。「大野さん、静かになったネ」と根本君。さっきの騒々しさを思い出し「悪魔が来りて頭をたたく」と一言。キャンディーズの唄を聞きながら、キャンディーズのオープニングテーマである唄の中で、ちょっとセンチなスーを「ちょっと太っちょのスー」と、何か意味ありそう？　ようこそ**余市**へ。ニッカウィスキーの看板をみつける。それを見た根本君、運転しているにも関わらず、口から銀色のしずくをたらしながらニコニコ。

仁木町に入る。町中には選挙ポスターが貼られている。町議会議員選挙が公示されているらしい。反対側から宣伝カーが走ってくる。

余市市に入る。どうも根本君、喉がおかしくなったらしい。根本君曰く、「さっきの首絞めがきいたのかナ」と……。

19時15分、余市のドライブインでソフトクリームを食べる。川津さん、トイレを我慢していたので大慌てで突進！　曰く、「あのくちづけは二度と味わいたくなかった」(あまりの我慢のため、くつじょくを忘れてくちづけになったのだ)。川津さん、北海道にセブンイレブンがあったと、足と頭を掻きながら喜ぶ。はたまたコマーシャルまで歌う。

19時26分、大野女子がキャンディーズの唄を歌いながら、若返りを図っている。新幹線と同じ、青春にスピードを出して通過してしまったためだろう？

20時17分、**札幌市**街に入る。ネオンきらめく札幌。北海道で最も大きな街、札幌。

21時２分、私達の宿泊するホテル・ハイランドを発見する。ビジネスホテルとはいえ、なかなか大きな建物である。部屋に荷物を置いて、夜の札幌へ食事に……。札幌の歓楽街にて、どこにしようとウロウロ。そしてやっとたどり着いたのは……グランド居酒屋“富士”に入った。札幌市中央区南５条西４丁目　すすきの本店

三宅さん（札幌営業所）宅に電話をする。待ち合わせ場所はこの居酒屋。三宅さんと会うのは１年ぶりのことである。去年、東京に三宅さんが出てきてから以後全く会っていない。北海道では５年前の北海道半周旅行の時に旭川の民宿で夜、様々な話題とともに話をはずませたことがある。なんだかんだと、いろいろな話になったが……。

１時５分、居酒屋を出る。そして、ゲームセンター、ラーメン、喫茶店と、それぞれが思い思いに札幌の夜を楽しんだ。ホテル・ハイランドに帰着。札幌市中央区南６条西８丁目。部屋は９階、905号室（女性２名)、912、913、914、915、916（各男性)。

8月1日　水曜日

7時、どこからともなく、ドアをノックする音が。野崎嬢のさわやかな目

覚めのコールが、各部屋（野郎どもの）に……起きてますか？　と……。

７時45分、食事（朝食）にする。２階の食堂へ……。森君がまだ来ていない。目覚めていないのかナ。

８時10分、食事終了。昨日行う予定で延期となったSAPPOROサミット会議を今朝行なう事になった。会場はホテル・ハイランド迎賓室、905号室である。

８時41分、SAPPOROサミット会議終了。

９時、本日のコースも決まり、さァ出発。

９時43分、時計台を過ぎ、道庁を過ぎ、ふたたび郵便局へ。ブリンクスならぬ、お金も車もブレイクス。車、車、車の中を走ったり、止まったり、止まったりで、字も小刻みに震える。

９時46分、駅前信号停止。根本君は夕べ風呂に入ってから寝たのが３時だから、もう朝からダウン。ちょっと体を横に向けて“く”の字のように眠っている。

川津さんは地図とにらめっこ。大丈夫かなあ～？！

市内は大都会PARTⅡ。夜は良いけど、昼はダメ。

９時52分、いよいよ北大へ。右折せず「あっ、いけねえ。向こう曲がるんだった」と川津さん。元に戻ろうと車を回す。２号車が見える。ドライバーは木村さん。「まいったなあ～」､そんな顔をしている。いや眠いのだろうな。そうこう書いていると、「駐車場が見つからねえ～」と、川津さんが独り言。禁止区域に入り「あっ、いけねえ」。どこだか解らず悩んでいる。２号車は暢気なもんで、木村さんは１号車に口笛を吹いている。なかなか、何とも、どうともなりそうもない。

10時１分、とうとう、北大から出て来たオジサンに聞く。しかし、観光では中に車は入れない。再び悩む。そんなことと全く無関係に根本君はひたすら眠っている。

10時10分、根本君を起こすと「なんだよ」と怒る。小生ションボリ！？

10時20分、ポプラ並木を散歩する。通りに15年前のだという車を見つけた。それを聞いて一人の♀♂は「じゃ♀♂5歳の時だね。誰かさん五つじゃ、まだおぎゃあ、おぎゃあだね」と馬鹿にする。

通りを野球をやる人たちだと思うが、走ったその彼、姿を見て、「あのくらいの速さなら私だって」と、おちょくってしまった！

10時50分、歩いている途中、根本君がいつも行くスナックの女性とばったりと会ってしまった。あの恥ずかしそうにした根本君、意外や意外ですね、まさかね。雨もポツポツと降ってきました。やっぱり雨男か女がいるのかなあ。今まで晴れていい天気だったのは、昨日かな。大野さんトイレを目指し、しっかりと歩いています。「頑張れ洋子さん」、トイレは見つかるでしょうかネ！

10時35分、市営麻生バスターミナルの前で、札幌営業所の人を待つ。外は小雨……。あっ、そうそう。昨夜の酒盛りの席での出来事、一つ思い出す。３年来禁煙を守っていた熊田さんに１本だけタバコを吸わせる（吞んでいたこともあり、本人もかなりタバコの誘惑に傾いていたらしく）。バンザァ〜イ！　次は川津さんの番だ。

14時30分、ドライブインにて昼食。メニューは刺身定食１（木村さんが、人に差をつけてたのんだ）、味噌ラーメン６（安くて食費を浮かせるため）。

15時20分、ドライブイン出発。運転手は根本君。車は国道12号線を一路滝川市に向かって。

札幌の水野氏の家を出てから数時間、雨の降り続く天候である。麻生から札幌新道を抜けて国道275号線を経て、江刺市に入るまではかなり強い雨が降った。

砂川市に入る。布施明の「霧の摩周湖」がテープから流れてくる。やっぱり北海道だ？

滝川市に入る。駅前を過ぎ、信号左折。鉄道をくぐり……石狩川を渡る。そこで、川津ガイドさんによる石狩川という名の由来について説明があった……昔、むかし、そのまたむかし、ある日おじいさんが川原へ草刈りに行ったところ、草の中にあった大きな石を刈ってしまったことから石狩川の名が出来たという……ほんとかナ？

石狩川を渡り、右折。国道275号線に入る。北竜町に入る。小さな川を渡る。川の中に入って釣りをしている人々がいた。それを見て根本君、「おれが釣ったら、女しか釣れないナ」……と。

北竜町で国道275号線と別れ、左折、国道233号線を一路留萌市に向かって……幌糠も通過。カセットテープの歌は布施明からＮＳＰに変わる。車の中では大野さんが……？！

留萌市街を通り、国道232号線へ。海が見えてきた。大喜びする大野さん。

17時20分、海岸を走行中、後ろから何やら追いかけてきた車がある。ブルーバードU、藤田君、黒羽君。深谷君の３人の乗った車だ。こんな所で会うとは思ってはいなかった。道ばたでは……なんですから、ということで、少し稚内寄りに進んで海水浴場のレストラン、フリッパー（小平(おびら)町うす谷）に入る。深谷君、藤田君、黒羽君の３人を含め10人が入る。コーヒー（８人)、コーラ（１人)、ビール（１人)、それぞれ注文する。今まで走ってきた北海道の話が弾む、というよりは……生死をさまよう実在記録という感じだ。「ゆっくり走ろう　北海道」の宣伝ステッカーも彼等の前では、単なる１枚の紙きれ同然なのである。何も効果を出す事が出来ない。そうこう言いながら、お互いの安全を祈って店を出て、店の前で記念撮影。雨の強く降る中、それぞれの目的、コースに向けて別れを告げた。

17時50分、国道232号線を快走する。左手は海。波が道路際まで寄せる。右手は緑濃い草原の丘が続く直線コース。晴れていたら素晴らしい景色だろう。**苫前町(とままえ)**通過。

左手、海の方、空が明るくなってきた。右手、夕焼けの赤い色が見えてきた。明日は晴れる。

18時50分、羽幌町(はぼろちょう)を通過する。すっかり左手の海の方、空が明るく、夕焼けの赤い空が見えてきた。やっぱり明日は晴れる。運転者･根本氏は語る。「この道は最高だ」。彼女なんかいらないとは言わなかったが……。

根本君語る。「アメリカに来ている様だ」道はいいし、景色もいい。「彼女がいれば最高なんだが！」と、悲痛な叫びをあげた。本人曰く「これは本心からで、真実である」と断言した。もうすっかりあたりは暗くなってきた。

19時５分、初山別(しょさんべつ)村通過。稚内まであと112km。根本君は言った。「大野さん、こういう所に来ると郷里を思い出さないか、アマゾネスを……？」。会話の中で、さっき出会った藤田君たちの話が話題になる。またまたアマゾネスの話が大野さんを中心に出る。北へ来て空気が薄くなったのか、狂ってくる。

根本君、それを押さえようと「バナナ、バナナ」と叫ぶ。

歌は変わって、小柳ルミ子の「私の城下町」が流れてくる。

国道232号線を走行中。あたりは真っ暗である。街灯もない夜道を走行。北海道フルウェイを夜空に向けて走っているようだ……何かの唄にあったナ。

19時50分、天塩町通過。まっ暗な山林の中を走る。何となく、口裂け女が出てくるようだと、大野さんが言うと、根本君、なんだか怖くなってきたと……。とにかく、根本君はトイレに行きたいようだ。車が揺れるたびに「出ちまう」と叫ぶ。男の悲痛な叫びであるが、しかし……「外へ出てこの辺で済ませたら」と言うと、口裂け女に喰われてしまうと、じっと我慢している。ご苦労さん！　まっ暗な道をひたすら稚内に向かって……。ドライブインも何もない。根本君のトイレはともかく、稚内の宿の予約と河島さんとの連絡だけは間に合わせなければ。急げ、ワッセ、ワッセ。

20時３分、国道40号線へ左折。稚内へ一直線。天塩川を渡り、幌延町に入る。依然として、ドライバーの根本君、トイレを我慢しての運転である。よせばいいのに、体に毒だヨ！　あまりの我慢のしすぎから、根本君、突然発狂する。まっ暗なさびしい国道だ。ドライブインどころか、ガソリンスタンドもない。何しろ、民家はおろか、何かの灯さえ全くない。もう８時を過ぎている。何でもいいが、宿にだけは連絡をしたいのだが……これでは連絡すら出来ない。

20時10分、豊富町を通過する。ちょっと小さな街だが、灯があるとホッとする。依然として、まっ暗な道である。さっき通り抜けた豊富の街からその後1軒も民家を見ていない。稚内まであと29km、ガンバレ。暗い平原の道を走ってるのだが、何となく正面に山があるようだ。何しろまっ暗で灯が一つもない。

下り坂になる。はるか彼方に稚内市街の夜景が見えてきた。あったぞ！　見えた！　あれだ！　と、ちょうど……宇宙戦艦ヤマトの船が目的地の星であるイスカンダルを発見したかのようだ。

稚内の街に入る。稚内の街は意外と大きな街である。町並みからしばらくして稚内の駅の案内表示が見えた。稚内駅前を通過して、民宿中山の看板を見る、街中を一周して。

21時、稚内駅に戻り、根本君が先ほど来我慢してきたトイレに駆け込んだが、駅のトイレは清掃中。そのため結局、……。1号車及び木村（忠）ほか4名を駅に置いて、私・川津、根本君は、宿泊場所を探しに出発。駅近辺を車で走り回ると、さっきの民宿中山に行ってみた。するとあいにく満員だそうだ。しかし、民宿のおばさんの紹介で、旅館を民宿料金で紹介してもらった。さっそく、そこへ行くことにしたが、民宿の前にある寿司屋に入ったところ、いくら話しかけても話が通じない。そして、「うちは違いますヨ！」と言われ、私（川津）と根本君は恥をかく。結局、裏の旅館だと、その寿司屋の主人に言われ、その裏の旅館へ行った。そして……旅館さいほくに泊まることにして、私（川津）と根本君は駅に待っている他の連中を迎えに行った。

21時32分、旅館さいほくに到着。荷物を運びこむ。男性4階の大部屋、女性2階の大部屋。旅館の主人からカニを出される（7匹）。

21時30分、夕食を食べに出る。旅館のおばさんの案内で（夕食の時間には旅館に着かなかったため）、居酒屋を紹介される。当然の事ながら、居酒屋となれば夕食だなんて気取って食事だけで済むはずがない。まず入ると、どことなく炉端焼きのような店だ。最初の注文はやはりビールということになる。つまみにイカの煮物が出され、追加の注文、イカ刺、イカの鉄砲焼き、イカ焼きとイカのメニューを頼む（これは木村忠二さんの影響か）。

22時35分、根本君、私（川津）、野崎さんの3人が稚内駅へ46分着。急行に乗っている河島さんの出迎えに行った。河島さんは定刻より1～2分遅れの同列車に乗ってきた。荷物を出迎えた根本君が持って、居酒屋へ直行。言い忘れたが、この居酒屋の名は“松軒”である。稚内市中央2丁目。松軒に入り、さっそくビールで河島さんの歓迎会を行なう。旅行の経過や河島さんの稚内までの様子を聞き、話が弾む……時間がたつのは早いもの、閉店10分前にお茶漬けを注文。

23時30分、居酒屋“松軒”を出る。旅館に戻りさっそく残っているカニの後片付けで、木村（忠）さんと川津君が一生懸命食べている。熊田君は絵はがきを彼女約数十名に出している（必死になって）。森君はさっきからウロウロと……トイレに行ってきたとか？　根本君はテレビにしがみついて離れない。テレビではバレーボールの試合が行なわれている。まるでタコが吸いついたように必死になってしがみついている。女性、河島さん、野崎さん、大野さんの３名はすでに２階の部屋に戻っている。

布団を敷いて寝る準備。すぐに床の取り合い。そして森君は何を思い出したか、たぶん修学旅行を思い出したのか、枕ならぬ座布団を投げ出した。根本君は口裂け女にとりつかれているのか、森君にトイレに付き合ってくれと頼んでいる。

22時15分、熊田君は絵はがきと格闘しているが、その他の人すでに布団の上に横たわっている。熊田君を見てか、木村（忠）さんも絵はがきを書き出す。その間、森君、根本君はUFOとお化けの話に熱中している。

……Ｚｚｚｚ！　Ｚｚｚｚ！　おやすみなさい。

８月２日　木曜日

７時８分、起床。野崎嬢の爽やかなドアをノックする音が、トントン　ドドドン、起きてますか！　のコールとともに入ってきた。寝ているのは森君だけ。森君布団をはがされてもまだ、Ｚｚｚ！　野崎さんが去ったあと、森君一人で涙を流して……俺、おムコに行けなくなってしまう！　と……？

７時33分、朝食を始める。メニューは卵焼き、サバの缶詰、ゆでたほうれん草、みそ汁etc。

７時55分、朝食を済ませる。WAKKANAIサミット会議開始。本日の内容、稚内から宗谷へのコースの計画発表など。

８時20分、宿、さいほく出発。

９時45分、午前中にme、郵便局で貯金20万円の残りをおろそうとして中に入る。「お願いします」と言ったとたん、「身分証明書はありますか」と！

meのではないので、急いで外にご本人を呼ぶ、たっぷりとお説教みたいなことを言われ、しぶしぶお金をもらい郵便局を出た。あまりいい気持ちはしなかったが、川津君、根本君、大野さんの車の中に入ったら、逆に励まされるようだった。本当にこの3人はとても面白い。この中で誰が一番……なのか、meが立会人なのである。車の中はカセットテープを目いっぱい音量を高くして聞いている。ディスコの曲らしい。それに合わせ、時々川津運転手が踊りながらハンドルを動かす。なんとそれが恐ろしい！

ただいま海側の方を通っています。「カモメのジョナサン」がたくさんいます。天候もだんだんと晴れ上がってきたような気がします。またまたディスコの曲がかかりました。車まで踊るんですわあ。「これは面白い」と言ったのがいけなかったのか、私めだんだんと激しい腹痛がおし寄せてくる。「もうだめ」途中で止まり、ちょっと休み、むかつくだけで平気でした。もう薬も飲み、**宗谷岬**の芝生の上で逆立ちをして暴れる。「ああ、気分爽快」。ちと眠いけど若さでがんばろう。平気、平気、みんなお土産を買っている。買ってきた根本君、いっぱい買いすぎ、誰に何を買ったか忘れるし、宛て名も忘れてしまう。きっと彼女がいっぱいで何番目の彼女かわからずにいるのでは、とかなんとか言っちゃって。雑談で、根本君の「俺は女しか釣れない」という話を聞く、ほんとかな?

11時、宗谷岬、日本最北端地に立つ、1979年８月２日。晴れてはいるが、はるか彼方、サハリンの大地は見えない。とうとう来てしまった、初めての最北端宗谷岬へ。

あけぼの像と最北端の碑の前で、それぞれ心に思いを込めながら記念撮影。

11時30分、宗谷岬を離れ数時間、いっこうに左手にはオホーツクの海、右手はのどかな牧場の続く大平原。道もほとんど真っ直ぐ、天候も快晴。オホーツク海の水の色がエメラルドに光っている、美しい。

枝幸(えさし)の町に入る。いつの間にか、クッチャロ湖を通過してしまった。行く予定ではあったのだが……。まぁ今日は距離もあるので、先に進むことにした。途中、両側に牧場があった。道路に近く牛が草を食べている。その牛を眺める。牛は首を振って、早く行けと言っている。牛を眺め、さぁ出発。

依然として快晴。左手は海。エメラルドの海が光る。忠ちゃんの車、後続車が見えなくなった。しばらく路端に止まる。しかし、まだ来ない。待ちきれず、この道国道238号線を戻ることにした。しばらくすると、大きな乗用車の後ろに忠ちゃんの車が続いて、すれ違った。アッと思ったが、スピードが速くすでに通り過ぎてしまう。道路を２回バックしてすぐ追いかける。しかし……追い越し禁止、50kmの速度で走る。やっと追い越しをする。しかし、前の車は全然見えない。しだいに速度を増して135kmも出す。速度警告ブザーが、チコンチコンと鳴り続く。

国道238号線を走行中、木村（忠）さんの車は依然見えない。

13時30分、興部（おこっぺ）の町に入る。景色は依然左手が海、右手が草原。町の中で、左に止まっている木村（忠）さんのマークⅡを見つける。電話を熊田君がしていたようだ。森君は怒っている。やっと２台に。再び走る。一路紋別市に向かって、車は国道238号線を走行している。左手はオホーツクの海、依然エメラルド色に輝いている。右手は牧場、のどかな雰囲気である。また、広大でもある。

紋別市に入り、国道238号線を右折、国道273号線へ。一路滝ノ上町に向かって、Go！　Go！

15時5分、ラーメン食堂一番にて昼食。上諸滑（かみしょこつ）町のガソリンスタンドの隣。

15時40分、ラーメン食堂一番を出発。運転手は根本君。運転の腕前はプロ！……と言ったら、ハンドルを持つ手が震えていた。途中、交通安全キャンペーンで、牛乳をもらう。国道273号線が滝上（たきのうえ）町を抜けると、砂利道の酷道273号線になる。根本運転手必死である。なんせ、車の下が砂利にこすられガリガリと音をたてる……そんなもんだから、根本君の顔に汗がキラリ……。

やっと舗装された道を走る……根本君喜ぶ、やったァ！　国道333号線に入り、やっときれいな道に入る。**上川町**に入る。

国道333号線を左折、国道39号線へ。いままで山の中を走っていたが、ようやく明るく、民家のある場所になってきた。なにしろ民家が１軒もなかったからだ……。国道39号線に入ると、正面右手に大雪山連峰が見えてきた。残雪の見える大雪山が見えてきた。層雲峡に入る。

18時、**層雲峡温泉**、ホテル銀泉閣に着く。銀泉閣、国立公園層雲峡温泉。大雪山登山ロープウェイで登ろうと、乗り場へ行く。がしかし、駅に着いたのは午後６時35分、ロープウェイは７時までということで、結局とりやめ、車を洗うことにした。みんなで２台の嫁さんを洗った。

19時30分、夕食になる。なにしろ、根本君を中心に話題の絶えない夕食で

「愛国駅に到着」

あった。夕食は、根本君のワンマンショーで終わった感じである。

21時、夕食終了。アルバイトの女性（学生）、ひろこ、みえこの２名の女性が片付けに来る。一瞬根本君の目が光る。夕食の後片付けも終わり、床を敷いてもらい、風呂へ。

23時50分、木村功、水野夫妻がホテル銀泉閣に到着。さっそく、二人を歓迎する会を開催。ビールを飲んで……。

午前１時19分、床につく……おやすみなさい。

8月3日　金曜日

６時45分、起床。７時10分より朝食が持ち込まれる。11人全員での朝食である。昨夜到着した水野夫妻、木村功さんも交えて朝食をとりながら、若干sounkyoサミット会議をする。

８時30分、大雪山へ登る。ロープウェイのガイドによると、ロープウェイの長さ1,600mもあるそうだ。層雲峡温泉出発。大函、小函を望め……。

14時30分、昼食を龍ラーメン店でとる。みんなは金がないからと、味噌ラーメンを、一つだけ塩バターラーメンを食べる。

15時10分、龍ラーメン店を出発。**帯広市**街に入る。帯広市内のスタンドで給油。

ピンクレディーのカセットテープを買うためにレコード店を探す。しかし……結局買わずに愛国駅へ……！

15時40分、**愛国駅**に到着。５年前に来た時より駅舎がきれいな建物になっている。まず愛国駅で記念の“愛国から幸福へ”の切符を買う、20枚。この切符を土産に……記念撮影を終えて……水野夫妻とはここで別れ、私達は木村（功）さんも含め総勢９名である。「愛の国から幸福へ」……国鉄のキャッチフレーズ。

愛国駅出発。車はふたたび国道241号線を帯広に向かって……帯広市街を通り抜ける。十勝川を渡り……右折、地方道に入る。ポテト畑の中をつっ走る。さすが十勝平野、広い。

池田町に入る。池田町で若干道に迷うが。後続車は気がついていないようだ。このまま進んで、なんとか国道に出ようと……そして……やっと国道に出る。国道242号線を一路足寄（あしょろ）に向かって。

足寄町に入る。大野さんがしきりと足寄の看板を撮影している。足寄駅前で男性（通行人）に松山千春の家をたずねる。付近を教えられ、私達の乗った車は、そこへ向かう。

次に女性 young lady に松山千春の家をたずね、「とかち新聞社という看板を目印に行ってください」と案内される。“とかち新聞社”松山千春宅に着く。そこで記念撮影。松山宅の人はこれでは一歩も外に出られないのでは……。社主・松山明、その隣に松山千春と大きく表札が出ているごく普通の民家。

松山千春宅出発。足寄駅で木村功さん、トイレに駆け込む。駅でふたたび松山千春の家の案内看板を見つける。大野さん、記念撮影。足寄駅出発。

国道241号線に入る。一路阿寒湖に向かって、ひたすら山の中の道を走る。ようやく、さっきまで寝ていた木村功さん、大野さん、根本君の３人もしっかり目を覚まし、活気のある車になった？　国道241号線を走行、途中ドライブインでふたたび功さんがトイレに駆け込む。根本君、野崎さん、馬とじゃれる。

19時、民宿「みどり」着、**阿寒湖**にて。民宿のお姉さんから、今晩９時から踊りがあるので見て下さいとの案内がされた。根本君好みの女性（民宿の案内人）である？　しかし、こんにちの日本は、女性もだいぶいる。もっと視野を広く持って（とくに表面→顔を洗い）見つければいるもんネ。もち、女性が数人しかいない時は、どんな人（女性）でもいい、この民宿の女の娘(こ)でもいい……。

民宿はまず山口さんの民宿に行ったが、いっぱいで紹介してもらうが、いっぱいで、もう１軒紹介してもらった。ここが民宿「みどり」だ。建物はまだ新しい。少し狭いが……一泊二食で3,400円（入浴料100円込む）。

19時30分、夕食にする。民宿の１階に食堂がある。夕食を済ませ……車の洗車。

21時30分、アイヌ部落銀座通りにて。アイヌの踊りを見に行く（無料）。阿寒湖畔温泉街といっても、民芸品店の並ぶ商店街を散歩する。

本物の熊と出会う。生後５か月であるが、檻の中に手を入れると強い力で引き込まれる。この熊コウ、まもなく弟子屈(てしかが)の方へ売りに出されるそうだ。

民宿到着。森君、川津君、木村功さんの３人と河島さん、大野さんはすぐに寝る。Ｚｚｚｚ！……と言いながら森君と川津君の二人は隣の部屋。新しく拡張された部屋に寝る。

8月4日　土曜日

８時、目が覚める。朝！　さわやかな朝！　阿寒湖の朝！　民宿「みどり」の朝！　さっそく朝食にする。今朝のメニューは、ご飯、みそ汁、納豆、海苔etc。朝食を済ませて、AKANサミット会議が開かれる。

８時30分、サミット会議も終え、民宿の前で記念撮影。民宿のお姉さん、初美さんも加わる……民宿出発。

８時50分、アイヌコタン、阿寒湖町出発。一路摩周湖に向かって、車は国道241号線を走行。山間を縫うように、曲がりくねった道を。正面に雄阿寒岳、左手に雌阿寒岳、その左に阿寒富士が見えてくる。

車は双湖台を通過。布施明の曲を聞きながら、「恋」「霧の摩周湖」と……ロマンチックな歌が。森君「この歌をウィスキーのハイボール、オンザロックを飲みながら聞いたら最高だ。この曲は、飲みながら聞いた方がいい」と、絶叫している。必死に歌に合わせて歌っていた。

９時48分、弟子屈町に入る。弟子屈郵便局に入る。きっと森君のことだから、今晩泊まれなくなっちまうと、郷土色豊かな白河弁で話をしていることだろう。

10時１分、弟子屈郵便局出発。国道243号線に入る。踏切を渡って右折、一路摩周湖へ。摩周湖まで９km。摩周湖近くなってくる。

10時10分、**摩周湖**着。第１展望台で記念撮影。♬霧にだかれて　しずかに眠る　星もみえない　湖にひとり……♬　今日は晴れて眺めがいい、最高である。駐車場で森君を待つ。どこからともなくイカを焼いている臭いがする。忠ちゃん！　イカの臭いに誘惑される。理性が失われていくと、忠ちゃん。

10時50分、摩周湖第３展望台着。

11時１分、摩周湖第３展望台出発。布施明の「積み木の部屋」を聞きながら……。♬いつの間に君と暮らし始めていた～♬

霧の摩周湖ならぬ、晴れの摩周湖である。めったに晴れることのない湖、神秘の湖としていわれているが、霧がかかると良いのではないか、というのがみんなの声。

*　　　*　　　*

切り抜きから

〔摩周湖〕

神秘の湖、霧の摩周湖…。宣伝と実態のそぐわぬ場所も多い中にここだけは本物だ。急崖の底に静まるエメラルドの湖面はさざ波もたたず、湖心には伝説のカムイシュ島がわずかに頭をのぞかせて、その光景はみごとというよりはむしろ凄みを感じさせる。一本の出る川も入る川も無いと聞けばその神秘感も一層増すというもの。周囲24km、最深部208m、透明度は41.6mで世界一。夏は霧のためにせっかくの湖面が見えない時が多い。

〔摩周湖の伝説〕

その昔、湖には大アメマスがすんでいた。あるとき鹿を丸のみしたため角が腹にささって死に、それが摩周湖の水の出口をふさいだため湖の水があふれそうになった。これを発見した村人は、大アメマスを獲物だとばかりに引き上げたところ、たまっていた湖水はいっきに流出。山も丘も一挙に押し流してしまった。根釧原野はこうして生まれたという。摩周湖はその後水の流出口をまったくふさいでしまったと伝えている。

霧の摩周湖

布施明・歌　水島哲 作詩　平尾昌晃 作曲

霧にだかれて　しずかに眠る
星もみえない　湖にひとり
ちぎれた愛の　思い出さえも
うつさぬ水に　あふれる涙
霧にあなたの　名前をよべば
こだませつない　摩周湖の夜

あなたがいれば　楽しいはずの
旅路の空も　ないている霧に
いつかあなたが　話してくれた
北のさいはて　摩周湖の夜

抜粋引用しました。

*　　　*　　　*

11時、時報とともに摩周湖を去る。晴天の中の湖は神秘的なイメージは全くなく、チョットがっかり。車中では千葉、君津で起きた虎射殺事件のニュースが伝えられている。この旅の中、新聞を読む機会がなく、世俗に里心がついてきた。根本君はずっと少年マガジンを読書中。野崎さんは功さんとお話ししたり、マンガを読んだり、大野さんはずっと寝ている。

11時10分、砂湯方面に向けてカーブをきって下っている。根本君はもうマガジンを読んでしまい、サンデーと交換している。“ひろし”の顔である。功さんは黙々と、いやポツリポツリと喋りながら、車を走らす。ギアチェンジの度に字が乱れる。

*　　　　*　　　　*

〔阿寒湖　マリモの伝説〕

マリモの話

阿寒といえばマリモといわれるほど、阿寒とマリモは切っても切れない関係にある。

マリモは、緑藻類のシホグザ科に属する淡水藻で、スエーデン、デンマーク、ドイツ、イギリスなどの北欧の湖にもみられるが、日本では阿寒湖だけにある。

直径も6×5センチくらいの球形の藻である。天然記念物に指定されている。

阿寒のマリモについては、つぎのような悲しくも幻想的なアイヌの伝説がある。

その昔、阿寒にまだマリモがなかったころ、湖の西岸にモノッペというアイヌ部落があった。酋長のシッパチには、セトナという娘があった。このセトナが18歳になったので、婿が選ばれることになった。

セトナには、ひそかに想いを寄せている下僕のマニベがいた。婿に選ばれたのは、副酋長の次男のメカニで、これが部落きってのならず者であった。

セトナはマニベへの想いがたちきれず、メカニのことを思うと心は暗く沈んで行くのであった。それを知ったメカニは、マニベを殺そうとして、逆に勇敢な若者マニベに殺されてしまったのである。

純真なマニベは人を殺したことに対する罪の恐ろしさにたえきれず、ひとり阿寒の湖に舟を出し、好きな葦笛を心ゆくまで吹きならして、湖に身を沈めてしまった。

数日後にセトナはそれを知り、悲しみのあまりにその身を湖中へと投じて、湖の精となってしまった。

それからは、風の冷たいような夜、セトナのむせび泣く声に和してマニベの葦笛が、湖をはうように聞こえてくるといわれ、二人の心が一つの“マリモ”になって、永遠の湖に漂っているのだと、語りつがれている。

＊　　　＊　　　＊

車は一路屈斜路湖（くっしゃろこ）に向かって。第三展望台から屈斜路湖、トサモシベ山が良く見える(本日快晴)。森君、窓から歩いていた女性二人に笑顔で手を振る。

11時15分、硫黄山着。熊田君は歌う。♬君の自家発電は1万ボルト♬

11時41分、硫黄山出発。川湯温泉街を通過。なつかしい５年前を思い出す。５年前、この川湯のきったない民宿に泊まった事を！

12時、砂湯着（屈斜路湖)。駐車場にて怒る。何だこの車は常識がない。横に止めやがって……バカモン！

屈斜路湖砂湯にて休憩。

12時11分、砂湯出発。テントでキャンプをしている人が多い。木村忠二さんが言う。テントマンだ。

森君、ラジオアンテナにアイヌ鉢巻を縛りつけている。必死に……。

さぁ、車は一路美幌峠に向かって……。屈斜路湖畔道路を右折、国道243号線に入る。河島さんは今眠りの真っ最中、Ｚｚｚｚ！　森君、布施明の「愛は不死鳥」を聞きながら、白河調で「この歌いいよネ」。

道路の両側に小さい白い花が畑一面に咲いている。何の花だろう。と……美幌峠が見えてきた。右手、下の方に屈斜路湖の全景が見えてきた。

13時50分、**美幌**（びほろ）峠ドライブイン着。メニューはジンギスカン４人前、カレーライス、かけうどん、コーヒー３ヶ。森君はカレーライスに味噌の味がすると喜んでいる！　ドライブインでの会話、食後。

話がトマトだな　→　真っ赤なウソ
話がピーマンだな　→　中身が何もない
話がテントだな　→　盛り上がっている
話が切れないそば　→　のびている　　　などなど

美幌峠で記念撮影

14時10分、美幌峠出発。森君が一言、「今日は順調だ。朝が早かったモン」

と強調するかのようだ。屈斜路湖を見下ろす美幌峠を後に美幌町に向かって、国道243号線走行。北海道名菓「どってんこいた」の看板があった。なに？

14時35分、警察の交通チェック。森君、運転していなくてよかった。もし、森君だったら「すいません。免許証忘れました。保険証ではダメですか？」と聞いておけばいいのだ！？

両側は馬鈴薯、大麦畑、一部では刈入れをしている。このころ布施明、4コーラス目、本日彼、我々のために100曲歌った計算になる。ゴクロウさん！

彼ももうかるな。

ちょっと気分を変えて“H.しいず大会”おーい運転の方。興奮しないで安全にネ。

14時50分、女満別高校通過、校庭に電柱が！

14時53分、**網走市**へ入る。（木村）チューさん居眠り、証拠写真をパチリ。

15時、網走湖が左手に見える。水泳、ボートで若人が楽しんでいる。

15時５分、刑務所前着（あそこに見えてくるはずだと、川津君）。網走川にかかった鉄橋を渡って入口へ。各自正門前で出所or入所の記念写真。熊田君はこの時のために、縞のＴシャツルック。刑務所の人たちが作った彫刻品を売る売店もある。

15時45分、天都山着。

16時30分、天都山発。オホーツク海、能取(のとり)湖、網走市街、これから行くウトロも見渡す。左手にオホーツク海がひろがる244号線。

16時30分、鱒浦駅（釧路本線）。何と読むか？　そこから始まって、大野さんの辞書は白紙ではないかとか、それなら根本君は辞書ではなくお絵かき帳だとか、お互いの知性と教養を疑い合う会話。正解はマスウラ（駅のローマ字を見てわかる）。右手前方に、斜里岳の美しいシルエット。季節なら回りは花花、原生花園の中を走る。「今は仕方がない、隣の人の鼻をみてろ」と功さん。車中はキャンディーズの歌。

17時、知床半島の遠音別、羅臼(らうす)岳も右手に見えてくる。北海道サイクリングの若者、ここでも行きあう。功さん、５年前九州一周サイクリングに挑戦したとか。

17時50分、今日の宿について電話。

18時10分、オシンコシン山、夕日のオホーツクが美しい。

18時20分、ウトロ（宇登呂）で給油。36ℓ、4,860円。スタンドを出発。民宿「石山」を探して、ふたたび戻る。

18時30分、民宿「石山」に到着。民宿の後ろはオホーツク海である。なかなか庶民的な民宿である。さっそく部屋に案内される。女性の部屋は……奥ある。男性の部屋はちょうど玄関の上、大広間というか、なんというか広い部屋である。部屋に入り落ち着く。そして、夕食。メニューは？　刺身、焼き魚、みそ汁、その他。食後のひと時、「新巨人の星」を観ながら……。部屋に戻る。マンガ本を読んでいる人、横になってゴロゴロしている人、様々な人間模様が描かれているのんびりとしたひと時である。

20時、森君、川津君は花火を買うのだと、車で街に出る。もう８時過ぎているが、民芸品店や雑貨屋などは灯りをつけ営業している。さっき入ったガソリンスタンドの手前右側に花火を売っている雑貨屋を見つけた。さっそくそこで花火を買う。花火といっても品数も少なく古いものばかり。花火を買ったところでアイスキャンデーを買って、一息つく。雑貨屋さんを出発。民宿「石山」に到着、部屋に戻る。熊田君、木村忠二さんは風呂に行っている。

今夜のコンパの準備のため、根本君、大野さん、川津君の３人は、街へ買い物に出発。ビール、コーラetc. なんせ夜一人では歩けない根本君の事だから、付き添いが居ないとダメ！

ウトロの中心、交差点の隣に酒屋さんがあった。さっそく根本君はビールの１ℓ缶を手にして、口元から銀のしずくをタラリ。酒屋を出る。途中まで来ると、灯も少なくなり静かな街並みになる。そこで……根本君は自然の公衆トイレに入るため右の路地に入る。その間、川津君と大野さんは近くの民家の車庫に隠れる。な？　なんと……トイレを済ませた根本君は……？　アレェ、イネクナッチャッタ！　と方言豊かに大声で叫びながら走っていった。その姿は、ちょうど“お化け”でも出たか、それとも口裂け女でも現れたかのようである。なんだかんだと、いろいろあったが結局やっと民宿の前にたどり着く。民宿に入り……そして風呂へ……♨。

22時、男性女性と続いて風呂を済ませ、いよいよコンパの開始。迎賓館パーティーのはじまりである。コークハイ、水割りなどを飲みながら……自由に会談そして数十分後、コーラがなくなり根本君に近くの自動販売機まで買いに行ってもらう事になった。もとより夜の一人歩き苦手な根本君「一緒にコー、コーヨ！」とさかんに誘いながら、結局一人で出かけた。民宿の玄関を出ると、ちょうど競馬でゲートインした馬が一斉にスタートしたようにものすごいダッシュで走って行った。しばらくして、コーラを抱えて帰って来た根本君に感想を聞くと……夢中で走ったので、販売機を通り過ぎてしまったそうだ。とにかくご苦労さん。ふたたびコンパが続く……。眠くなったと木村功さんは布団の上にゴロリ……。

24時、コンパ終了。布団を敷いて……おやすみなさい。

8月5日　日曜日

5時、起床。といっても川津君だけ。さっそく海へ気分転換。さわやか～～！　もうすっかり明るい。♬海は素敵だナ～♬と。海水が昨日より引いている。さだまさしの「まほろば」をしきりに歌う。♪　これが今日のスタートである。左手にある岩畳の上を歩く、トボトボ。相変わらず、さだまさしの「まほろば」を口ずさみながら♪時折かぐや姫の「妹」「目をとじて」などや「学生時代」なども唄いながら。

6時40分、大野さんが海岸へ出てくる。私が行った岩畳の方へ歩いて行く。

7時19分、根本君歌を歌う。♬俺のタバコはどこへ行った♬と、吉田拓郎の「夏休み」のメロディで……。

7時40分、朝食。

8時10分、UTOROサミット会議開催。

8時36分、UTOROサミット会議終了。

9時、宿発。民宿石山を出発。出発前に「石山」の看板を背に記念撮影！

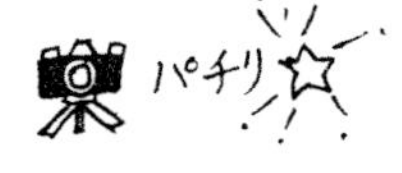

9時45分、斜里（しゃり）。交通安全整理。牛乳ではない「ゆっくり走ろう」のステッカーをもらう。小雨が降りだす。

10時30分、標津川を渡る。

10時35分、**根室標津**駅着。トイレ休憩。

10時55分、根室標津駅発。ソーラン節、東京音頭、ラブユー東京etc. 歌声。

11時15分、尾岱沼。

11時30分、遊覧船発。なんとか雨も降らず（野崎さんは車中で昼寝）。

12時30分、トド原着。

13時、トド原見学。台風で地盤沈下し海水が入り、トド松などが枯れている名所。アヤメ、ハマナスなどもわずかに咲き残り、途中アザラシを見る。

15時、昼食。発。カラオケ大会を含む「北国の春」etc. 熊田君のワンマンショー。ホタテ、エビなど海産物の活きのいいのが売られている。左手はオホーツク海。コバイケイソウ、黄色いのが、咲き乱れている。国道244号線を厚岸へ。「花嫁」「春一番」「二人でお酒を」「二人の世界」「岬めぐり」「無縁坂」「港町ブルース」

16時10分、国道280号線。雨が降り出す。厚岸原生花園、アヤメ。

16時20分、霧多布岬。

16時、車は一路霧多布岬へ向けて、国道を離れ地方道を走行。**霧多布湿原**の原野の中を走っている……といっても、回りを見ても雨、雨、雨。☂ 車のフロントガラスに銀のしずくがチョロチョロと流れる。しかし、……？　車内では……？　後席では熊田君、根本君、河島さん３人が、前では川津君と大野さんが……、みんな一緒になって大合唱。ちょっとした合唱団。霧多布フィルハーモニー合唱団？　かな。歌と一言で言っても、これがまた大変なもの。曲目のレパートリーは数えきれない。演歌あり、歌謡曲あり、テレビマンガの主題歌、民謡、フォークソング、ポップス、労働歌、恋愛歌、友情歌、青春歌、学生歌、老年歌？、童謡などなど。車外のしめった風景とは違って、車の中はさわやかな？（いや、一部には雑音のように聞こえるが）歌声が続く。

浜中の町を通り抜ける。相変わらずの雨降り。左前方に霧多布の半島が見えてくる。車は次第に上り坂を登りはじめる。浜中の町を後方に見ながら、車は平原の中をふたたび走る。

16時20分、霧多布岬到着。あいにくの天候のため展望どころか、車外へ出てもつまらな

い。灯台があるが、雨天ではさえない。岩場の上に立ち、下を見下ろす。

16時30分、灯台出発。根本君暖房を入れる（寒い寒いと）。さァ出発。運転手は根本君。さァ Let's go.

引き続き歌が始まる。「切手のない贈りもの」「どこまでも幸せ求めて」「戦争を知らない子供たち」「風」「あの素晴らしい愛をもう一度」「ベンセレモス」「一人の手」などなど。

車は国道44号線に入る。さすが、歌いすぎたせいか、もうみんな疲れているようだ。歌をやめ、それぞれ会話している。北海道旅行の最後のフィニッシュは歌で決めようと……。雨が降っている。しかし、東京のようにゼネラルムンムンではない。

カッパをかぶったサイクリングの人とすれ違う。釧路村に入る。依然として山の中を走っている。車は**釧路市**に入る。釧路まであと4km。次第に町並みが近づいてきた。釧路の中心街に入る。北大通4丁目交差点左折、電話ボックスへ。宿に電話をかける。連絡がついて、さァ出発！

18時40分、釧路職員クラブ（宿泊所）に到着。2階の203と広間に宿泊。203号室（女性）、広間（男性）。釧路の夜景が一望できる。部屋の三方が窓になっていて、その窓越しに街並みが見える。最高の場所と部屋である。ここが最後の北海道での宿泊地である。

19時5分、夕食、食堂へ。メニューは刺身、魚フライ、マカロニサラダ、みそ汁、たくわんetc.。私たちの他に女性3人。若い娘さん2人、おばさん

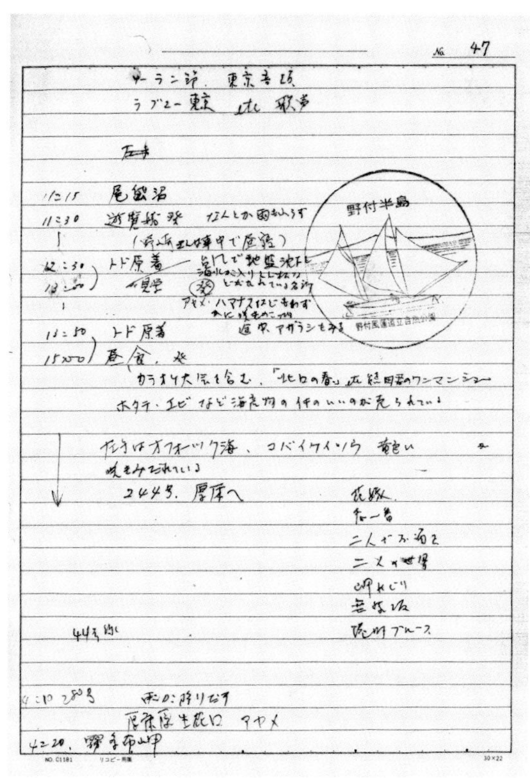
No. 47

11:15 尾岱沼
11:30 遊覧船発 なんとか雨はふらず
（[illegible]車中で昼寝）
12:30 トド原着
13:[illegible] 見学
アヤメ・ハマナスなど[illegible]
13:50 トド原着 近くアザラシもみる
15:00 昼食
ホタテ・エビなど海産物の[illegible]が売られている
左手はオホーツク海、[illegible]
244号、厚床へ
44号[illegible]
4:10 [illegible] 雨が降りだす
4:20、霧多布岬

１人が一緒のテーブルについた。その３人の女性の話によると、東京から来たという。そのうちのおばさんは、元十勝で生まれ、釧路で生活したことがあると、話をしていた。そして、若い女性の一人が十勝峠で追いはぎが出るという噂を聞き、その峠を通った時、追いはぎに似た２人と出会った。そのうちの一人が根本君に似ていると、その女性に言われ、根本君は腹をたて席を立った。根本君曰く「あァ、眠っちくなった」と……。食事終了、そして入浴。

夜のコンパの準備、木村功、川津、森の３名が外の酒屋へ買い物に行く。ビール５本（サッポロ生）、ジュース（Hi－Cオレンジ）１本、ポテトチップ、柿の種……。コンパ準備済ませ、男性５名、ブルース・リーの映画に熱中する。アチョー！

22時、コンパ開始、盛大に……。北海道旅行財政、若干赤字になる。一人3,000円徴収。大野さんはいつものように外出……夜のイルミネーションに誘われて、今夜もネオン輝く銀座通りへ（アルバイト？）。何を隠そう、夜の散歩というところ？　帰りの土産を期待する。

22時30分、奇跡か夢か、10時30分を若干過ぎていたが？……なんと帰ってきた。何事もなかったかのように……（ビール６本を重たそうにかかえて！）。さっそく飲み直し。塩辛、タラの切干しをつまみに……。しかし、なんと６本もあった（633mℓ）ビンが、アッという間になくなってしまった。すご～い！　「呑兵衛」ばっかり揃っているのか？　ビールがなくなると……つまみと共に今度はトランプ占いが始まった。森君、木村忠二さん、木村功さん、大野さんと……次々に河島占い師は占っていく。さ~すが、大野さんの時は何も……ジョーカーが出た、つまり……！　ですンエ。ワカル―。

24時20分、消灯、睡眠。Ｚｚｚｚ！

８月６日　月曜日

８時、「おはようございます」と、釧路職員クラブの従業員の声が。北海道旅行最後の朝の目覚めである。釧路市街を一望できる。本日の釧路“くもり”。いよいよ今日、フェリーに乗船、帰路に着く。今日のように遅くまで寝ていたのは、今回の北海道旅行では初めてである。宿泊場所が良かったせいか、私達、電精社従業員としては……。

８時20分、朝食にする。メニュー、納豆、焼き魚、梅干、たくわん、海苔、みそ汁etc. 。テレビでは広島原爆記念式典の朝のようすを報道している。

８時45分、朝食終了。釧路港の船が見える。男子が室でミーティング、「これからどうするか？」「米山公園へ」ということで、部屋を出る。

９時35分、車も埃にまみれて汚れ、ちょっとだけきれいにして出発。KUSIROサミット会議終了。浦見町３丁目、電通、クラブ会館、南大通り。

９時50分、米山公園着。「ナンダ！　これが見どころ？」「狭いし、旅館からの眺めの方がいいじゃないか」車も下りずにＵターン「誰だ！　こんな所に来ようと言ったのは」「河島だ」非難の声しきり。河島曰く、「ガイドブックに見どころとあったんだから、出版社に抗議に行ってくる」。

10時、鶴ヶ岱（つるがだい）公園。

10時５分、これも車から見ておしまい。つまんない。幣舞（ぬさまい）橋、船が両側にいく列も止まっている。ここからの夕日は雄大とガイドブックに書いてあった。

車中はキャンディーズの曲。鶴公園へ一時向かうが、市内より40分ということで、船に乗り遅れるとヤバイと引き返す。

10時50分、十条ショッピングセンターで船中の食事準備。パン、カップラーメン、野菜etc.。どこか止めるところはないかと、ぐるぐる回って。

11時30分、駅前駐車場（なんと有料）。

12時15分、地下ステーションビルでお土産をみる。魚介類の燻製、アイヌ彫刻、バター飴、各自思い思いに買い物をする。

12時30分、釧路港着。

12時50分、近海郵船フェリー「まりも丸」乗船。運転手を除いた他の７名はターミナル通路より、運転手と車は車の乗船口から……。

船室は二等グリーン（個室）、206号室。さっそく部屋に入り、昼食の準備。メニューは、食パン、バター、ジャム、野菜サラダ、牛乳etc.。

13時30分、予定通り釧路港を出港、「まりも丸」。警笛ともに……一路東京港フェリーターミナルに向かって。室内では……モスクワ・オリンピックを目指してか？　体操の真っ最中。ある人はでんぐり返ったり、時には極限まで背中を曲げてうなったり、また時には、足を大きく限界に挑戦するかのように開き、ドッテン、バッタン、ゴロンとまるで猫がじゃれているかのようでもある。なんたって、もうすぐモスクワ五輪。それはそれは大変なもの。その体操風景をよそに、木村功さんは何事もなかったかのように、静かに眠りこけている。

16時50分、延々と続いた大体操競技。床運動も終了。誰が9.95を出したか、誰が美しい技を披露したか定かでない。

17時、トランプ占いが、森占い師によって行なわれている。大野さん大奮闘、しかし……森占い師の前には歯が立たない。ムリムリ。

18時30分、ババ抜きが始まる。なんせババァ抜きだから……？　まァなんとか始まる。レストランでの食事案内が放送される。

19時、夕食、レストランへ。メニューは？　カレーライス９名分、冷水。

19時30分、夕食終了。現在函館（津軽海峡）沖を航行中。部屋へ戻る。雑談。大野手相師に、手相を見てもらう根本君、川津君。人間の性格、特技というのは恐ろしいもの。トランプで占う人もいれば、手相を占う人もいる。

20時30分、大野さん、根本君の無制限一本勝負が、木村功レフリーのもとで始まった。４の字固め、エビ固め、卍固め、コブラツイスト、キーロックと次々と技を披露。結局８時45分、短い試合で終る。

木村忠二さん、熊田君の二人は、パブコンパへ。なにしろカラオケ演奏にひかれて♪チャンチャカ　チャン♬　あとから川津君、野崎さん、森君、大野さんもパブへ。大きな室内の反面、客はガラガラ？　これぞ本当のカラオケ！　わずかにカウンターに数人､ポチョポチョといるだけ。木村忠二さん、熊田君は酒の酔いにまかせて、マイクを握っている。酒は恐ろしい。人を歌手にもする、スターにする。時には人を殺す事だって、よく新聞に出るが……。あらためた、酒の魔術にかかって、歌手の気分で歌っている2人をながめる。今、２人はどう心の中で思っているのか？　……？？

10時30分、私、川津君、部屋へ戻る。木村功さんはすでに横になってＺｚｚｚ！　その隣に河島さんがやはりＺｚｚｚ！　と寝ている。私、川津ちゃんも眠くなった。

23時、しかし……しばらくすると……なんと、みんな寝る気でもない。セブンブリッジが始まったのだ……？　寝ていた木村功さんも起き出し、コンパでカラオケに熱中時代の忠さん、森君も帰って来た。さっそく、ルールを民主的に討議し、職場集会を経て、代議員会で決定！　施行された。次に、いよいよゲーム本番。

メンバーは木村功さん、木村忠さん、川津君、根本君、野崎さん、森君の６人。河島さん、大野さんはすでにおやすみ！　人数が多いので毎回誰か１人が休みとなる。

セブンブリッジ（内規）規約　ルール

※　このルールはセブンブリッジ審査委員会が独断と偏見と民主的討議によって審査、討議、決定し作成したものである。

1　ポン：　どれでもいい、２枚同じカードがそろえばポンで、カードを１枚取る事が出来る。

2　チー：　前者が捨てたカードを次者が拾う場合、チーと言って捨てたカードを取る事が出来る。

3　Ｊ・Ｑ・Ｋ・Ａ・２とつなぐ事が出来る。

4　フラッシュはなしとする。

5　最初の一巡は捨てずに、カードを順に廻す。

6　廻り方は、時計廻りとする。

7　上がる場合、必ず1枚はカードを捨てる。

8　自分がポン、チー、あるいは７を持っていた場合、自分の前に店を出す事が出来る。

9　自分の前に店を出した時は、他にカードを付ける事が出来る。

10　得点はＡは15点。７は合計点数の２倍。それ以外は、カードの数が得点となる。

11　１回休んだ場合、得点が20点加算される。

12　得点の採点方法は、トップで上がった場合０点。カードを持っている人は上記の10項の点数となる。つまり、合計点数の少ない者が優勝となる。以下は、得点の少ない順になる。

13　上記、12項に定められていない事項、その他については、その都度、協議し決定する。

尚、この審査及び決定にあたっては、森盛一氏が審査委員としてこの審査が適正である事を証明する。

1979年8月5日

8月7日　火曜日

7時30分、目がさめる。今、北海道旅行最後の夜は、近海郵船フェリー「まりも丸」の中で過ごした。これが、今旅行最後の夜であるが、いままでに日本一周目指し乗ったフェリーの中では小さく、娯楽施設も少ない。さっそく朝の体操が、大野女史、私・川津と根本君の間で行なわれる。軽いレスリングと言っても、私にとっては、生と死をさまよう苦痛である。あと1日、今日1日のフェリーが今旅行最後、早いなァ。明日からは、また毎日厳しい仕事が待っている。

8時、朝食といっても全員ではない。熊田君、根本君、大野さん、川津君、野崎さんの5人だけレストランへ。メニューは朝定食。納豆、みそ汁、海苔、焼き魚etc.。朝食を終えて……部屋に戻る。

トランプによるイタズラを始める。"占い"とかその他いろいろ。寝転がったり、また床につく人も……。毛布にくるまったり、雑誌にかじりついたり。

11時、トランプゲームが始まる。「大富豪」というゲーム。延々と続くこのゲーム、途中昼食にする。昼食といっても、メニューは食パンにジャムをつけたり、マーガリンをつけたり、食後のデザートはスイカ。木村忠二さんは、朝食を食べていないからと……レストランへ。

延々と続いたトランプゲーム「大富豪」もいよいよ終盤戦、盛り上がってきている。しかし疲れた。「大富豪」終了。

なんと7時間30分もゲームをやったのだ。すご～～い！　ほんとによくやるよ！　でも……トランプって本当におもしろいですネ。「大富豪」ぜったいに楽しめるが……しかし、一つの船室で7時間30分も？　考えるだけで恐ろしい気がする。それを平気で全員がやっていたとは？

17時30分、トランプゲーム終了。さっそく、残っていたカップラーメンor 焼きそばにありつく。つまり「3時のおやつ」が今になったのだ！　メニューは"どん兵衛"、"大吉"、"赤いきつね""焼きそば"。熱湯をフロントでも

セブン、ブリッジ得点表

No. 56

第1回戦

氏名	1	2	3	4	5	6	7	8	TOTAL
木村(功)	7	★/7	13/20	26/46	5/51	50/101	休み	★/121	121
木村(忠)	37	休み	9/66	60/126	休み	11/157	17/174	29/203	203
川津	★	23/23	休み	55/98	7/105	2/107	53/160	休み	180
野崎	11	16/27	47/74	休み	★/94	★/94	15/109	48/157	157
森	休み	26	23/49	10/59	13/72	18/90	★/90	55/145	145
根本	22	14/36	★/36	★/36	26/62	休み	43/125	47/172	172

第2回戦

氏名	1	2	3	4	5	6	7	8	TOTAL
木村(功)	52	46/98	★/98	★/98	33/131	8/139	30/169	52/221	221
木村(忠)	102	休み	22/144	2/146	38/184	休み	★/204	★/204	204
川津	64	33/97	6/103	3/106	14/120	★/120	5/125	19/144	144
野崎	47	59/106	45/151	休み	★/171	61/232	休み	148/400	400
森	休み	88/108	休み	26/154	休み	53/227	18/245	49/294	294
根本	★	★/★	20/20	4/24	12/36	2/38	31/69	休み	89

★は、トップであがった場合
つまり、得点は0点

休みは、その回のゲーム得点が最高点(最下位)の者が次の回休みとなる。
この場合休みは得点に20点、
その都度、加算される。

1回戦と2回戦の総合TOTAL

木村(功)	342点
木村(忠)	407点
川津	324点
野崎	557点
森	439点
根本	261点

NO. C1181　リコピー用箋　30×22

貧民大富豪

No. 58

第1試合（成績表）

メンバー．木村(功)、木村(忠) 川津 根本、大野、河島、

大富豪、及び 貧民になった回数は、次の通りです。

（大富豪）			（貧民）		
根本	正正	(9回)	川津	正正	(10回)
木村(忠)	正丁	(7回)	木村(忠)	下	(3回)
河島	正一	(6回)	大野	下	(3回)
木村(功)		(0)	河島	下	(3回)
川津		(0)	根本	下	(3回)
大野	一	(1回)	木村(功)	一	(1回)

第2試合（成績表）

メンバー、木村(功)、木村(忠) 川津、根本、熊田、森、大野、野崎、河島

※ 形をかえて　各自に階級をつけ、会長、社長、副社長、専務、組合執行委員長、書記長、代議員、組長、組合員と職務をつける。

第2試合の貧民大富豪は次の通りです。

階級＼回数	1	2	3	4	5	6	7	8	9	10	11	12
会長	大野	大野	大野	大野	大野	大野	大野	川津	木村(功)	根本	大野	森
社長	根本	野崎	野崎	木村(忠)	野崎	川津	森	大野	河島	野崎	森	大野
副社長	野崎	木村(忠)	河島	河島	川津	熊田	川津	根本	川津	大野	川津	川津
専務	森	根本	根本	川津	熊田	野崎	根本	野崎	野崎	木村(功)	根本	野崎
執行委員長	木村(忠)	熊田	川津	熊田	木村(功)	根本	河島	河島	熊田	河島	野崎	木村(功)
書記長	河島	木村(功)	木村(功)	根本	河島	森	野崎	木村(功)	木村(忠)	川津	木村(功)	河島
代議員	熊田	川津	木村(忠)	木村(功)	根本	河島	木村(功)	森	大野	森	河島	木村(忠)
組長	木村(功)	河島	森	野崎	木村(忠)	木村(忠)	熊田	熊田	根本	熊田	熊田	根本
組合員	川津	森	熊田	森	森	木村(功)	木村(忠)	木村(忠)	森	木村(忠)	木村(忠)	熊田

試合開始　AM 11:00　　試合終了　PM 5:30　（7時間30分）

NO. C1181　リコピー用箋　30×22

らってきて、さっそく調理。♬ズルルルル♬　ズルリ♪　バシッ♩　ゴクリ♬　ワサワサ♬♬　ハァ～♪　フゥー、などなど様々な音をたてて食べる。みごとな雑音の合唱である。食べている本人たちは、そんな音気にせず、自分の分担された食料を消化しようと一生懸命である。船の中のひとときである。

大野さん、３バカトリオで写真を撮ろうと言い出す。川津君、根本君、大野さんの３人のことだそうだ。大野さん一人なら納得するが、私たち２人も加えるなんてコノォー！

船は房総・白浜沖を航行中。

18時30分、東京湾に入る。左手に三浦半島、右手に房総半島が見える。船のデッキに出て、記念撮影をすることになった。デッキの手摺りに寄りかかり、飛び上がり、イタズラをしたり、撮影前のスタジオの設定に忙しいモデルさんたち。船の後方をバックにシャッターを押す。パチリッ。カメラマンの川津氏、カメラを片手にウロウロ。房総・鋸山が見えてきた。……

19時、写真を撮り終え部屋に戻る。もうそろそろ荷物をまとめて、下船の準備。風呂あがりでスッキリした顔の人も準備ＯＫ。あと１時間で東京港着。アナウンスが流れる。河島さんリーダーシップをとり、最後の船内ゲーム、コイン送り。２つのグループに分れて数回行なう。そのあと番号コールを数回。

船内ゲーム終了。船室の窓の外からは横浜港、川崎港、そして羽田空港、東京港の灯が見える。もうあとわずか。

20時20分、船の速度が遅くなる。東京港に入港したのだ。東京港フェリーターミナルに接岸。下船のアナウンスが流れる。

21時、東京晴海フェリーターミナルに到着。船を降りて、駐車場へ。荷物を積み込み、さァ出発。河島さん、大野さんをまず最寄りの駅まで送り届けるのだ。私たちの乗ってきたフェリーの他にもう１隻フェリーが停泊している。たぶん苫小牧からのフェリーだろう。

河島さん、大野さんを最寄りの駅まで送り届ける。と言っても……ジトーッ、道がわからないのだ。グスッ。フェリーターミナルを出発して、車は適当に右折。どこに出るのかわからない？　案内板には千葉方面とは出ていたが……。またまた、適当な所で左折。前の車、大宮ナンバーの車が曲がったため、一緒につい曲がってしまったのだ。しばらく進むと大きな十字路。

直進できなくて、仕方なく右折、そして次の交差点を左折。もうここまで来ると、どこをどう走っているのかわからない？　すると……しばらく走ると、永代通りと交差。左折手遅れ直進。間違った……と永代通りへ左折すればよかったと……。結局小さな路地を一周して永代通りへ。この道でいいのだ。目ざすは東京駅。

21時30分、最寄りの駅へ送るという事だが、……なんと東京駅丸の内口まで、つまり赤レンガで有名な建物のある玄関まで送り届けたのだ。大野さんと河島さんと別れを告げ、車は一路、あの人情味あふれる？下町、縁日と祭りの町、墨田区東向島に向かって永代通りを砂町方向に向かって……。左へ両国方面の案内板が交差点を左折、両国駅横のガード（総武線）を通り抜け、三ツ目通りとの交差点を左折。あとは真っ直ぐ一本道。水戸街道に入る。

久々のなつかしい街並みが見えてくる。墨田区向島……、墨田区東向島……、水戸街道を左折、地蔵坂通りに入る。

22時15分、隅田寮に到着。比佐君と会う。大物の帰りかナ？　野崎さんをしっかりと見送る、というより俺たちが見送られた。おやすみなさい！

とうとう、墨田区に着いた。長かったかナ？　短かったかナ？　とにかく、北海道旅行もこれで終わり。みなさん、大変ご苦労様でした。

22時20分、百花寮到着。さっそく荷物を降ろし、部屋へ運ぶ。日本一周第６弾・北海道旅行も終了。食事をするため、出発前最初のサミット会議の行なわれた〝明月〟に木村功、木村忠二、川津、森の４名が行く。

とにかく、何の事故もなく、全員無事に帰って来た事は、何より一番いいのではないかと思う。

北海道旅行　総走行距離　2,752km

車種　旧コロナ　マークⅡ　HT2,000cc　６気筒

　　　新コロナ　マークⅡ　４ドアセダン　1,800cc

　　　１日平均走行距離　９日間として306km

THE END

２号車の日記

７月29日　日曜日

北海道ってどんなところ？　といっていた森君。行きたいと駄々こねていたのは、昨年のこと……もう今は、東北縦貫の高速道路上の車の中。百花寮を出たのは1979年７月28日も少し過ぎ、７月29日午前０時10分ぐらいでした。これから、一路北海道一周の旅へと、別名「自然と人間のロマンの旅」に出発。

１号車はマークⅡに、木村（忠二）、森、熊（田）さん、そして北海道に行きそこないの小森さん。

２号車はやはり（木村）功さんのマークⅡ、川津、大野さん（初参加）と根本（初参加）、合計７名。

ここで残念なのは、小森さんが盛岡を南にする岩手県はtakigawaカントリーにて下車し、我々の一路から脱落する。メンバーチェンジとして、これまた初参加で、すでに28日正午ごろ先発している野崎さんが岩手にて合流して北海道へ行く予定。早くママの顔を見たいといった彼女、今ごろ……。

木村のドライブで約６時間走行し、鶴巣（つるす）のサービスエリアで熊ちゃんに交替。もう午前７時30分。あっ岩手県だ。と、ドライバーの熊ちゃん、郁ちゃん（小森）、森君。だいぶつかれたべー。

９時25分、**盛岡市**内に入り、数年前来た中津川の河原での思い出話がはずむ。今までは、目刺しの目のような彼女、心待ちしている母がいま近くになったことへの喜びを感じたのだろう。うれしい……目が輝いて見えた。私が生まれ育った地·滝沢村、私のふるさとです。あっ､その信号左へネ……といったが違っていました。次の信号ですネ。

14時35分、道中という地を熊ちゃんが運転。私のところ、岩手県岩手郡雫石町大字西根第27地割字下葛根田で～す。これを書いたのは、私ではないのです。お隣のお兄ちゃん、忠兄ちゃんが書いてくれたんです。今までずっとスヤスヤとおねんねしてました。ちなみに、森ちゃんもおねんねでした。起きていたのは私と熊ちゃんと二人だけでした。でも、熊ちゃん遊んでくれなかったんです。つまんなかった。おわり！

ガソリン　388km ／41.5 ℓ　　7 ／29（日）
　　　　　364km ／35 ℓ　　　7 ／29（日）　十和田湖

7 月31日　火曜日

函館、ホテル入川を出たのは午前８時55分。２号車のドライバーは熊ちゃん。他３名、来る時のメンバーに戻った。函館の人よ、さようなら。

ホントに天気がいい。青い空と今まで長い雨で洗った街、函館をあとに札幌に向かう。途中何ヶ所か行ってみる。

郵便局にてお金を４万円ほど引き出すことになるが、担当は森君。しかし、彼は夕べの口裂け女に毒されたせいか、北海道相互銀行に入ってしまった。どうしたんだろうと、みんなで心配。長らくして、恥ずかしそうに出てきた。

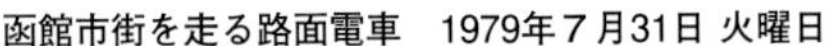
函館市街を走る路面電車　1979年７月31日 火曜日

もう時計は９時20分を過ぎていた。太陽はカンカン照っている。車中は二人になってしまった、○○と○○。前の１号車は静かにキープレフトに停車したまま動かない。市電がガタガタ、ゴトゴト走る。街ゆく女性が美しい。

12時58分、**大沼公園**に寄り、写真を撮り、トイレに入り、小樽に向かって出発する。車中で木村さん「能登に行った時は、10代、20代、30代の女性にもててしょうがなかった」と話してくれた。「わあー、すごかったんだね」と感心。それが違うんだよね。「なんか買わんかねえの売り子さん」ゆみちゃんの独り言。みんな me のこと馬鹿にするよ。「顔はまずいなあ」「足は短いなあ」「カメラの三脚と同じ位の長さしかないじゃないかあ」とか、もう私だって、美人になりたい、足だって長ーくなりたい。もっとスタイルも良くなりたい。でもね、無理して何も食べないで痩せるのは嫌。やっぱり運動しないといけないのかな。でも、やっぱり私は私、変わりたくない。このままでいいや。今のままでいいって言ってくれる人いないかなあ。

只今、ラジカセの電池が切れちゃったので、みんなカラオケを始めました。みんなうまいね。加山雄三の歌です。「しあわせだなあ　僕は君といる時が一番幸せなんだ」。

16時30分、**長万部**にてガソリンを入れ、さらに忠さんの妻（車）のおなかの状態が悪く、エアーを入れ調整する。253km ／32.6ℓ　7.76km ／ℓ

長万部付近で約２時間昼食をとる。今日は北海道初めての自炊で、ソーメン、サラダ、もらった果物（メロン、スイカ）です。ああ、おいしかった。

17時40分、現在ニセコ町に入ろうとしている。左手に見えるのは葛根田山で～す。と、日本一の名ガイドの案内、由美子お嬢さん、ホンマかね。長距離輸送トラックが１台いた。邪魔である。１号車の根本君、追い越そうと狙っているが、なかなかそのチャンスがない。時々禁止区域になる。スピードは遅い、時速40～50kmで、こんな調子だと、あと100km以上もある札幌への道程も非常に困難と、誰も考えている。熊ちゃんもイライラしているよう。「あっ、今だっ」と言ったのは由美子さん。だめだヨ……、それは普通の会話のようだが、実はポリちゃんでもいたら罰金でもとられるところであった。ああ、こわい。

ここで、１ページ前をめくり、日誌を読む。

感想であるが、人はみな他の人より美しく、より足が長く、より可愛いい娘になりたいと願っているのは確かであるのよ。しかし、人は外面だけよくても中味がよくない、ネコを被った（仮面をかぶった）狼のような女性も多くいるんです。男もネ。だからネ、由美ちゃん、今申し上げたこととか、人より異性にもてたいとかいう願いや考えは悪くないけど、そのための人間として最も大切な異性だけへの思いやりややさしさだけでなく、外面だけの美しさだけでなく、人間は同じように考えあっている動物なんだねネと、理解してみればどうかしら。そして、男とか、女とかいう前に一人の人間である。人間はお互いにいろいろ関係しあって生きているんだろうし、みんなよくなりたい、幸せになりたい、よくありたいと考えているから、そういう中の私と彼と、言い合える素敵な彼をいろんな行動や、ふれあいの中から見つけ出してみて下さい。きっと素敵な（みかけだけでなく）男性はいるはずです。ただ、理想的な人（男または女）は100パーセントまでとはいかないのが、世の中の厳しさネ。

ちっとも美人じゃないけれど、なぜか僕をひきつける……っていう歌があるじゃないの。そんな人がいると思うヨ。そんなに遠くないところに……。さあ、二人を世界が必要であるように……という雄大なことばもどっかであるように。

みんなの中の二人、世界の中の二人、二人は世界のためになくてはならない――と。

18時50分、余市町（よいちちょう）に入る。町議会議員選挙最中でたいへんな騒ぎである。事情はどうかわからないが。

14時35分、美唄（びばい）　29ℓ　266km。

14時45分、**美唄市**到着。松尾ジンギスカンにて昼食。味噌ラーメン６ヶと刺身定食１ヶ。夕べ食べたラーメンより、味が薄く悪いと、熊ちゃん。夕べのラーメンとは、札幌で有名なラーメン横丁のひぐまという店である。さすが、夜中の12時を過ぎているのに、客がずらり並んで、出来上がるラーメンを待つ客が多い。夕べ、きっちゃ店にいく者、インベーダーに行く者、３コースに分かれた。それぞれ自由コースを取る。

ホテルハイランドに着いたのは、１時少し過ぎていた。今朝、水野のところ電話し、あるところで落ちあうことにした。結局再度の電話で、彼の家に行くことになり７名でお邪魔する。その中で、明日層雲峡にて会うことにして、木村功さんが来るので乗っけてくることになる。

15時25分、美唄のドライブインを出て、一路稚内へ。

12時、浜鬼士別ドライブン、給油33.1ℓ。343km

猿払牧場、インディナルカ。

14時、帯広中央給油39ℓ、414km　10.6km／ℓ。

８月３日　金曜日

14時10分、**帯広市**内のガソリンスタンドにて給油。１号車は日誌を書いているが、２号車はあまり書かない。うまく書こうと考えているからか、人間飾っては美しくない。自然のままの姿が感じのいいセンスなら、いいだろうが……。旅の日誌は、車の中等、思った時にありのままメモすることから、その時の自分の心境なりが、後になって読み返す時出てくる。みなさん、そんな人間になろうよ。

帯広は小さな町である。市民のみなさんに「高校は地元の高校へ行こう」と呼びかけるポスターがあった。

夕べの精算や今日の昼食までの会計について熱心に計算している。あと10万ネエード……てさ。

長万部の海岸　昼食は自炊　　車はトヨタ コロナマークⅡ　２台
1979年７月31日 火曜日

持ち物 チェック 表

No. 76

器材・用具	担当	チェック	器材・用具	担当	チェック	器材・用具	担当	チェック
ラジウス	川津	○	トランシーバー	熊田	○	保険証	各自	／
コッヘル	〃	○	ラジオカセット	森	○	筆記用具	〃	／
ハンゴ	〃	○	三脚	川津	○	着替え(下着類含む)	〃	／
食器	木村忠 熊田	○	日記ノート 2冊	〃	○	小遣い	〃	／
ポリタン	川津	○	懐中電燈	川津、森	○	洗面用具	〃	／
マナイタ	小森	○	電卓(計算機)	川津、森	○	雨具	〃	／
包丁	大野	○	ファイル	川津	○	防寒具	〃	／
コップ	木村忠 熊田	○	荷物用ロープ			読書用の本	〃	／
ナイフ	川津	○	サイフ(財政用)	熊田	○	カセットテープ	〃	／
おたま	〃	○	ビニール、テープ	川津	○	カメラ	〃	／
シャモジ	大野	○	歌集	熊田	○	ストロボ	〃	／
ふきん	〃	○	救急用具	熊田、大野	○	筆記用具	〃	／
ワリバシ		購入				トランプ	〃	／
ビニールシート	熊田、木村忠	○				グローブ・軟球	〃	／
洗剤		購入				免許証(運転者のみ)	〃	／
灯油(燃料)	川津	○						
軍手	川津	○						
固形燃料	〃	○						
サランラップ		購入						
アルミホイール		購入						
布バケツ	木村功	○						
水筒	木村忠	○						
テント		／						
寝袋	木村功	○						
ビニール袋	熊田 大野	○						
ザル								
毛布	木村忠	○				車検証	車持主	／
						予備キー	〃	／
コース案内	川津	○				整備用工具	〃	／
JAF案内	〃	○				予備ヒューズ	〃	／
フェリー乗船券	木村	○				車輌保険証	〃	／
ガイドブック	川津	○				誘導燈	〃	／
財政用ノート	〃	○				発煙燈	〃	／
地図(全体図)	〃	○						
列車時刻表	〃	○						
民宿案内	〃	○						
ロードマップ	川津、木村忠	○						

北海道旅行　収入・支出会計報告 1

月	日	摘	要	収入金額	支払金額	差引残高
		北海道旅行会費	1人	80000		
12	25	旅行会費積み立て金	木村(忠)	10000	労働金庫口座に入金	
3	8	〃	木村(忠)	10000		
〃	〃	〃	川津	10000		
3	27	〃	川津	5000		
4	25	〃	森	10000		
〃	〃	〃	川津	5000		
6	8	〃	木村(忠)	10000		
6	25	〃	川津	10000		
		旅行会費積み立て金	小計	70000		
7	6・17	旅行会費徴収	熊田	50000		
〃	〃	〃	森	50000		
7	29	〃	木村(忠)	350	(80000円納入済み)	
〃	〃	〃	川津	50000	(80000 〃)	
〃	〃	〃	根本	80000	(80000 〃)	
〃	〃	〃	大野	80000	(80000 〃)	
〃	〃	〃	森	20000	(80000 〃)	
〃	〃	〃	野崎	80000	(80000 〃)	
〃	〃	〃	熊田	30000	(80000 〃)	
〃	〃	〃	河島	40000	(稚内8/1から参加の為 40000)	
〃	〃	〃	木村(功)	30000	(層雲峡8/2から参加の為 30000)	
〃	〃	〃	小森	4000	(盛岡まで同行の為 4000)	
		旅行会費金額	小計	634000		
7	29	各界からの寄付	上村悦子氏より(現金)	2000		
〃	〃	〃	武井幸次氏より(物品)	お菓子		
〃	〃	〃	小森宅より (〃)	スイカ2コ、メロン6コ		
〃	〃	〃	スナック大物より (〃)	ウィスキー、ボトル1本、コーヒー、ビン詰め1本		
		収入金額	合計	636000		

No. 69

北海道旅行　収入・支出会計報告 2

月	日	摘要	収入金額	支払金額	差引残高
		すでに支払い済み金額　内訳			
6	18	近海郵船フェリー（釧路→東京）代〔車輌料金×2台〕		41300	
〃	〃	〃（〃）〃〔旅客料金×8名〕		133100	
6	30	東日本フェリー（青森→函館）代〔車輌＋乗員4名〕		14050	
〃	〃	〃（〃）〃〔車輌＋乗員3名〕		13200	
7	11	近海郵船フェリー（釧路→東京）代〔旅客料金1名追加分〕		15300	
7	16	東京→宮崎電話代		1460	
7	17	駐車料金		400	
〃	〃	首都高速道路料金（往復）		600	
7	28	花火		240	
		すでに支払い済み金額　合計		219650	
		小　計	636000	219650	416350
7	29	収入・支出内訳			
〃	〃	給油、ガソリン代（2台分）		25274	
〃	〃	東北自動車道料金（岩槻→盛岡）2台分		10600	
〃	〃	乾電池代（トランシーバー用）		960	
〃	〃	喫茶代		2660	
〃	〃	小森宅へのお中元		3000	
〃	〃	紛失金		11	
〃	〃	宿泊費（川村旅館）十和田湖		31360	
7	29	支出金額　合計		73865	
7	29	小　計	416350	73865	342485
7	30	収入・支出内訳			
〃	〃	スナック、大物、への土産		1460	
〃	〃	きりたんぽ、飲み物代（7人分）		1460	
〃	〃	昼食代		4150	
〃	〃	函館（ホテル、入川）への電話代		100	
〃	〃	缶ジュース代（青・函フェリー内で）		840	

No. 72

北海道旅行　収入・支出会計報告 5

月	日	摘要		収入金額	支払金額	差引残高
8	5	追加会費徴収				
〃	〃	〃	木村(功)	3000		
〃	〃	〃	木村(忠)	3000		
〃	〃	〃	川津	3000		
〃	〃	〃	熊田	3000		
〃	〃	〃	野崎	3000		
〃	〃	〃	大野	3000		
〃	〃	〃	河島	3000		
〃	〃	〃	森	3000		
〃	〃	〃	根本	3000		
8	5	追加会費徴収　合計		27000		
8	5	昼食代　個人負担分財政立て替え料金				
〃	〃	(尾岱沼　ホタテフライ代)	木村(功)	500		
〃	〃	〃	森	500		
〃	〃	〃	河島	500		
〃	〃	〃	大野	500		
8	5	昼食代 財政立て替え料金徴収合計		2000		
〃	〃	トドワラ観光船料金財政補助代			160	
8	5	収入・支出金額合計		31500	41970	
8	5	小計		65678	41970	23708
8	6	収入・支出内訳				
〃	〃	昼食代			4000	
〃	〃	夕食代			4500	
〃	〃	駐車代(釧路駅前にて買物の為)2台分			340	
〃	〃	上村さんへの土産代			950	
〃	〃	小森さんへの土産代			1600	
8	6	支出金額　合計			11390	
8	6	小計		23708	11390	12318

No. 73

北海道旅行　収入・支出会計報告　6

月	日	摘要	収入金額	支払金額	差引残高
8	7	収入・支出内訳			
〃	〃	昼食代		3750	
〃	〃	昼食代（追加1名分）		700	
〃	〃	拾得金	1		
8	7	収入・支出金額　合計	1	4450	
8	7	小計	12319	4450	7869
		総合計	678362	670493	7869

任務分担　　No. 74

任務	担当者
総責任者	木村忠二.
副責任者	熊田 健. 木村 功.
財政担当	森 盛一. 野崎由美子.
コース担当	根本勝美. 川津茂夫.
衛生、救護担当	大野洋子.
食事担当	河島節子.
渉外、交流担当	熊田 健.
記録担当(写真)	木村忠二. 熊田 健. 川津茂夫. 大野洋子. 森 盛一.
〃 (日記)	川津茂夫.
器材担当	熊田健. 森 盛一.
運転手	木村 功. 木村忠二. 川津茂夫. 熊田 健. 根本勝美.
会計監事	野崎由美子.
日記編集	川津茂夫.

NO. C1181　リコピー用箋　30×22

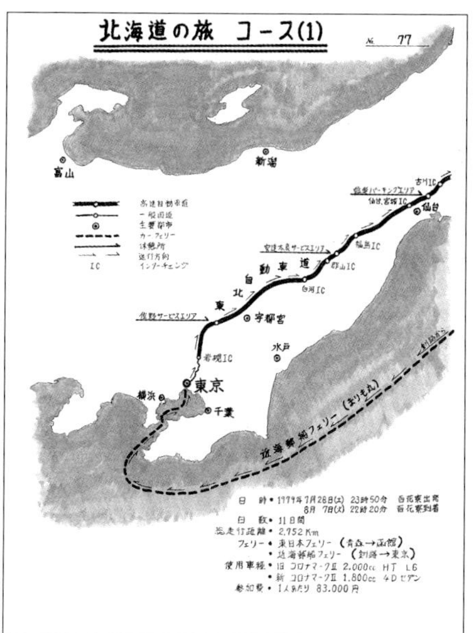
北海道の旅 コース(1)
No. 77
富山
新潟
仙台
宇都宮
水戸
東京
横浜
千葉
東北自動車道
近海郵船フェリー (まりも丸)
日時 • 1979年7月28日(土) 23時50分 百花寮出発
8月 7日(火) 22時20分 百花寮到着
日数 • 11日間
総走行距離 • 2,752 Km
フェリー • 東日本フェリー (青森→函館)
• 近海郵船フェリー (釧路→東京)
使用車種 • 旧 コロナマークII 2.000cc HT L6
• 新 コロナマークII 1.800cc 4D セダン
参加費 • 1人あたり 83.000 円

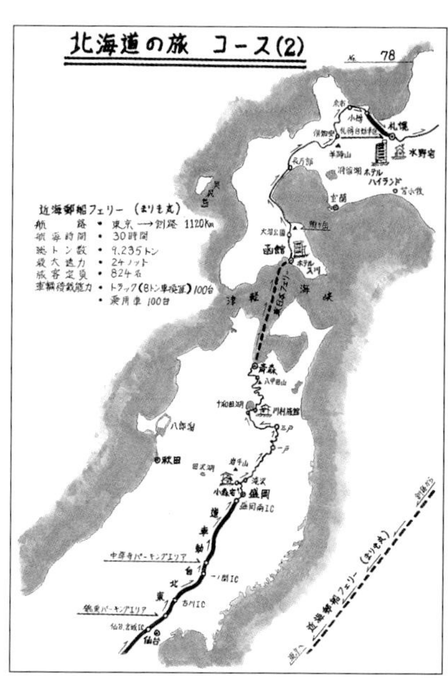
北海道の旅 コース(2)
No. 78
近海郵船フェリー (まりも丸)
航路 • 東京 → 釧路 1120Km
航海時間 • 30時間
総トン数 • 9.235トン
最大速力 • 24ノット
旅客定員 • 824名
車輌積載能力 • トラック(8トン車換算) 100台
• 乗用車 100台
札幌
小樽
水野宿
ホテル ハイランド
室蘭
函館
津軽海峡
青森
八郎潟
秋田
盛岡
東北自動車道
仙台
近海郵船フェリー (まりも丸)

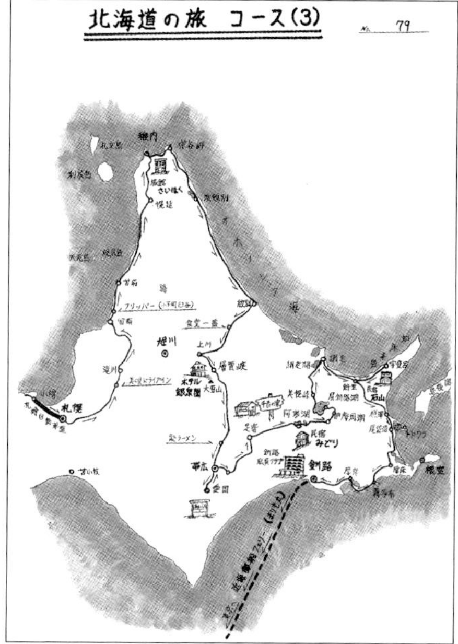
北海道の旅 コース(3)
No. 79
稚内
宗谷岬
利尻島
旭川
上川
層雲峡
ホテル 銀泉閣
大雪山
札幌
小樽
オホーツク海
網走
阿寒湖
摩周湖
民宿 みどり
釧路
根室
帯広
近海郵船フェリー (まりも丸)

編集後記

川津 茂夫

北海道一周旅行は、1979（昭和54）年７月28日（土）夜～８月７日（火）にかけて男性６名、女性３名によって行ないました。

参加メンバー９名のうち、仕事の都合等により、途中、稚内から河島さんが、層雲峡から木村功さんが参加。野崎さんは帰省したため、帰省先の盛岡からそれぞれ合流。メンバーではないが、小森さんが帰省するため盛岡まで同乗しました。また、夜行出発日を含む全日数11日間のうち半数近くが悪天候という、さまざまな条件のなかで、車２台による旅行でした。

今日、私達の生活は高度に発達した社会にありながら、政治や経済をはじめとして、さまざまな諸矛盾がとりまき、相次ぐ物価、公共料金の値上げや、増税、福祉、厚生の切り捨て、憲法改悪などがおこなわれ、「旅行をしたい」と思ってもそう簡単にはできないのが現状です。そうしたなかで、私達数名は安く楽しく充実した旅行をしたいという要求からこの旅行を計画、約１年前から企画、運営にあたってきました。

その間、数回にわたる参加予定者による実行委員会の中で、各種資料の収集、作成、メンバ―構成、日程、コース、フェリーの予約や宿の手配、任務分担、具体的内容、及び行動などを決め、参加メンバー全員で協力し合い、全員が楽しめる旅にしようと万全の準備で出発しました。

この日記は、その北海道旅行をただ時を楽しく有意義に過ごすだけではなく、人生のほんのわずかな１ページをより深い想い出として、その楽しさや貴重な経験を生涯にわたって残そうと、メンバー全員で記録。文章は私達旅行参加者の自筆で書いている日記である。そのため、文章の文字が読みにくかったり、乱雑になっているが、それは走行中の車中で書いたり、あるいは歩行中に筆記しているからであって、決して筆記者の性格からくるものではないと思う。

この日記の文章以外のたとえばコース図や会計報告、あるいは文章の中のゲームの得点表などは、本文をより具体化させるうえで貴重な資料として役立つと思い、また文章、その他に若干、事実とちがった場面や内容があったとしても、それは、その時々の状況を察知できればそれでいいと考え、日記編集局の創意と工夫、独断と偏見、そして貴重なる努力と財源から編集しました。

とにかくメンバー全員が筆者として書いている点では、ちょっと名の売れた小説よりも価値ある、素晴らしいものではないだろうか！

ここで若干紹介しますが、この車による旅行の歴史は1973（昭和48）年東北一周を計画。そして約１年経過した翌年、1974年春４月から５月はじめにかけての連休を利用して９日間の東北一周旅行をしたのが始まりです。当時は東北一周準備会として企画、運営をすすめ、果たして事故もなく無事に旅をすることが出来るだろうかとか、財政的な心配などの中で周囲の仲間からの祝福を受けて出発しました。ちなみに紹介しますが、1974年の東北一周旅行は、約３万円程度の経費を要しました。そして、その年の夏には、北海道の北部を除く北海道一周を実現、その頃から日本一周をめざそうという気運が高まり、四国一周旅行の準備がすすめられました。1975年春、４月末から５月はじめにかけて、日本一周実現第３弾、四国めぐりとして四国一周を実現しました。これもやはり９日間の旅でした。そして、その年の秋からは第４弾、九州一周の旅として計画がはじまりました。

しかし翌年、1976年夏の九州旅行は参加メンバーや準備の不足等から不可能になり、九州一周旅行は延期せざるを得なくなり計画を変更し、しかし旅行は実現しようと、能登、北陸、中部一周の旅として、その年の4月末から5月はじめにかけての春の連休を利用して行ないました。その後、ふたたび九州一周旅行の準備にとりかかり、1977（昭和52）年夏休みの連休に計画以来２年越し、待望の九州一周旅行を実現しました。

それからしばらくして、1978年に北海道旅行の気運が高まり、そして1979年、夏の北海道一周旅行と、いわば今回の旅行は日本一周実現、第６弾。北海道旅行のpartⅡである。

最初の東北一周からはじまり、今日に至るまでには、さまざまな出来事がありました。思わぬハプニングや偶然に遭遇したり、あるいは遠く離れている仲間に会ったり、旅先での人情のあたたかさを味わったり、１日１日の行動についてのミーティングをはじめ、学習会や懇談会等も行ない、時には旅先で踊りを披露するなど、その内容は豊富です。また多くの仲間がメンバーとして参加し、友情を深めたのも事実です。その中では、たえず準備段階で実行委員会を開き、具体的内容などを決め、万全の体制ですすめました。

ところでこの旅行、はじめの東北一周準備会の時に、目的及び資格厚生などを決めています。現在、その当時とは情勢も変わり、資格構成などに該当しない部分もあるが、基本的にはこれらの上に立って運営してきました。

今旅行の参加メンバーがそれぞれこうした目的や資格構成もあったことを知ってもらいたく記入しました。

１．目的

イ・参加者全員が文字どおり、思いきり、楽しく、ゆかいに親睦を深め合う。

ロ・この旅行をやりきる中で自然環境の美しさをあらゆる角度から認識し、その発展のため貢献するとともに、さらに新しいものを発見していきたい。

ハ・参加者一人ひとりが、青春の記録にもなるよう行動の中から学び合う。

ニ・安い費用で、安全無事故、協力共同で、目的達成のため互いに努力する。

ホ・行動は常に集団で進め、チームワークを密にし連帯して事をすすめる。

２．資格及び構成

イ・参加者は上記の目的を支持され、楽しみたいと考える人を基準にし、車に酔う人は認められない。(相談を……)

ロ・参加者は、特に区別しないが、免許証を持っている方は申し出て下さい。

ハ・参加者全員が相互に交流できるよう人員の入れかえをしたいと思います。

ニ・目的完遂のため総責任者、コース責任者、会計、衛星救護、食事などの係を決め任務を分担する。

いずれにせよ、旅行することは、決して若者や青春だけのものではなく、一生にわたり経験することだろう。時には憩いの場として、あるいは人生の新たな門出として、またあるいは、友情を深める場として、などなど、さまざまに旅することだろう。そんな時に少しでもこの記録が役立てばと思う。

個人個人が単独で旅行することは簡単だと思う。しかし、さまざまな生活や条件をもっている仲間が数人、ひとつのグループとなって、旅行のなかで協力共同の生活を通じ、友情と連帯を深め合うことは、簡単ではないと思う。とにかく、こうした旅行が人間としてすばらしい成長のかてになるように希望する。

編集局

＊1979年に北海道一周の旅の記録を、手書きで一冊にまとめた際の編集後記です。

くるまで周遊記
日本各地 5年(1974~79年)にわたる くるま旅 青春の会

「日本各地 数年にわたる くるま旅・青春の会」

〔メンバー　敬称略〕

木村　功 *KIMURA, Isao*　木村 忠二 *KIMURA, Chuji*

武井 幸次 *TAKEI, Yukiji*　森園 一子 *MORIZONO, Kazuko*

門井 京子 *KADOI, Kyoko*　森　盛一 *MORI, Seiichi*

沼井 律子 *NUMAI, Ritsuko*　野崎 由美子 *NOZAKI, Yumiko*

川津 茂夫 *KAWAZU, Shigeo*

【日本一周 第7弾】

「近畿・南紀一周の旅」のお誘い

《歴史と美とロマンを訪ねて－－－－－》

1981年5月9日

親しい友人のみなさんへ

毎日、働らく事をとおして様々な要求の実現に向け、元気に活躍されていることと思います。いつの間にか桜前線も通り過ぎ、木々の小枝に若葉がささやく‥‥‥春、暖かな春の風がふくと どこか旅心誘われる今日この頃です。

さて、日本一周めざしてとりくんできましたが、今まで参加された方をはじめ、多くの方々のあたたかい御協力、御援助があり心より感謝致します。この間『安くて、安全無事故、協力し合って楽しい旅を！』をスローガンに 6年前の東北一周からはじまったこの旅行も、日本一周完遂まであとわずかとなりました。これまで旅を通じて得た自然や人との出逢い、自然科学、文学、歴史などとのふれあいは、参加者にとっては、生涯を通じ貴重な経験となるでしょう。

ゆたかな人間に成長したい、満足な生活がしたい、など様々な要求がうずまいている今日、夏の連休を少しでも有意義なものにしたいと考え、車での旅行、日本一周、第7弾、として近畿・南紀（京都、奈良、大和路、南紀、伊勢・志摩）の旅行を計画しました。いままでの多くの経験や教訓を生かし、旅の中で自然と人とのロマンを求め、つねに新しいものを発見するためにも、再び参加されます様 呼びかけます。また新しく参加されようとするみなさん、共に旅の素晴らしさを味わい、今年の夏の想い出を託し、この旅で人生のドラマの1ページをきりひらいてみませんか！

記

期　日、　1981年8月1日(土)夜 ～ 8月6日(木)　4泊6日

場　所、　近畿・南紀一周

コース、　東京－静岡－名古屋－津－松坂－伊勢・志摩－熊野－那智勝浦－串本－南紀白浜－和歌山－五條－吉野－奈良－京都－名古屋－静岡－東京
※基本として〔行き〕〔帰り〕共、東名・名神高速自動車道を利用
詳細は参加者で検討

参加費、　1人 約50,000円（宿泊代、ガソリン代、高速道路料金、食事代、各入園料、その他）
※（参加費の一括払いも可能ですが、積み立てによる分割払いを極力おねがい致します。）

参加者及び台数、　車2～3台　1台に4名乗車としますので 定員に達し次第、締め切ります。

運　営、　「安くて、安全無事故、協力し合って楽しい旅を！」をスローガンに全員で各分担を決めて、民主的に運営する。

その他、
※1、行ってみたいところ、やってみたいことなどは、今後、当日までに数回ミーティングを行ないます。内容を豊かにするため 関係資料があれば用意しておいて下さい。
※2、当面、分担が決まるまで事務局として 木村・川津 がやらせていただきますので宜しくお願いします。
※3、連絡先

「第七弾　近畿・南紀一周の旅」のお誘い　1981年5月9日　（実現しなかった）

〔第一弾〕東北一周の旅　昭和49(1974)年4月27日～5月5日

東北一周旅行記念券
1974.4.27.(土)夜～5.5.(日)
AM 0:00
F№ 065490
寒風山回転展望台入場券
¥100　一般
この券をもって領収書に代えます。
入場1回限り
秋田県企業局
秋田県　寒風山展望台入場券
1974.4.29(月)
通行手形
佐渡金山奉行
H № 0801
佐渡相川
株式会社ゴールデン佐渡
TEL (02597) 4～2389
新潟県　佐渡金山入場券
1974.4.28(日)
湖畔の乙女
天降りしか水沫凝りしか
あわれいみじき
湖畔のおとめ
ふたりむかひて何をか語る
像　高村光太郎
青森県
十和田湖遊覧船乗船券
1974.5.1(水)

「東北一周旅行記念券」

1974年４月27日　東北一周旅行　佐渡島の海岸にて。
スターレットとホンダＺとともに。

1974年５月２日　宮古市浄土ヶ浜

〔第二弾〕 北海道一周の旅　昭和49(1974)年７月26日～８月４日

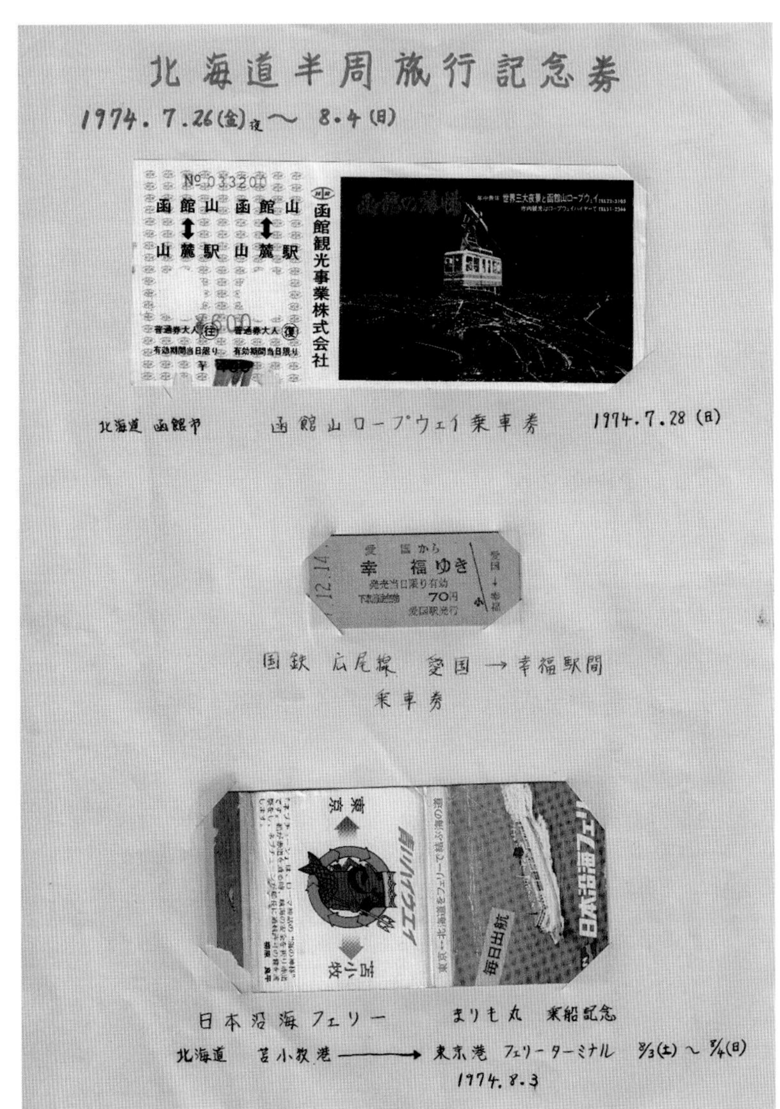

「北海道半周旅行記念券」

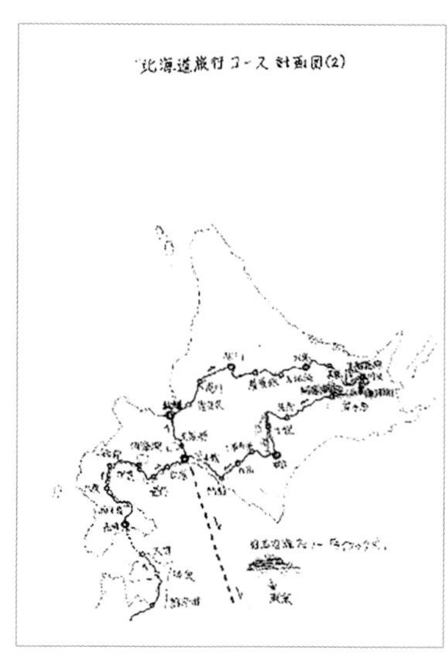

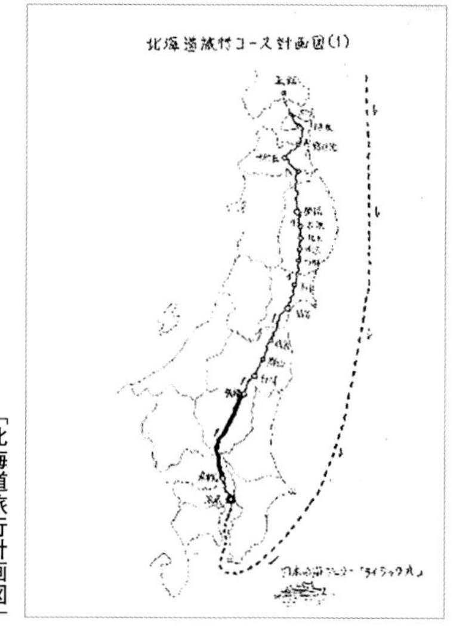

「北海道旅行計画図」

〔第三弾〕 四国一周の旅　昭和50(1975)年４月27日～５月５日

「四国一周の旅」

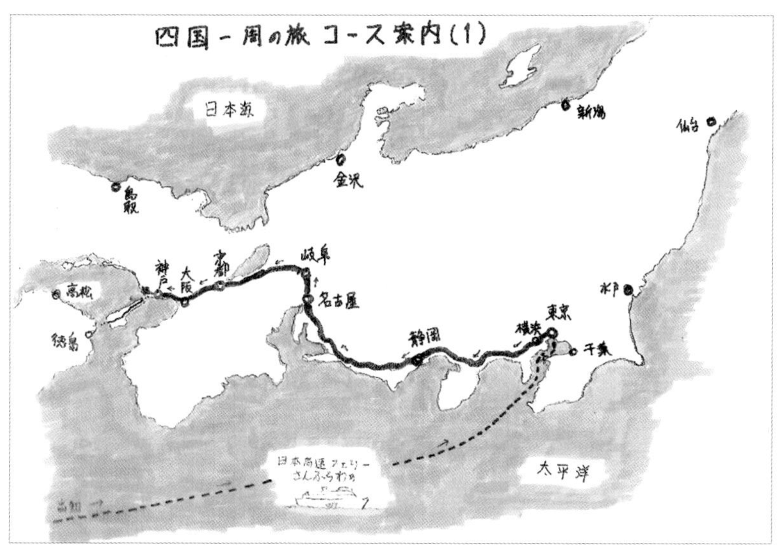
四国一周の旅 コース案内(1)
日本海
新潟
仙台
金沢
鳥取
岐阜
京都
大阪
神戸
高松
徳島
名古屋
静岡
横浜
東京
千葉
水戸
日本高速フェリー
さんふらわあ
太平洋
高知

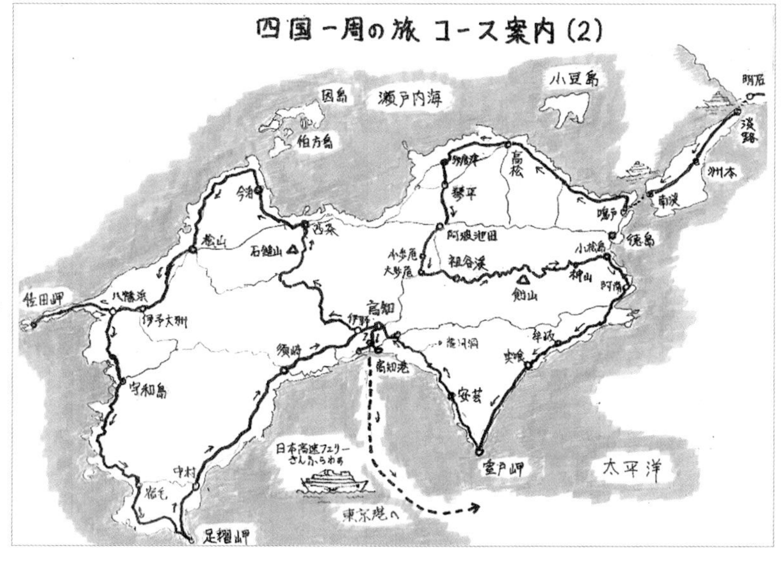
四国一周の旅 コース案内(2)
因島
瀬戸内海
小豆島
明石
伯方島
淡路
洲本
多度津
高松
琴平
鳴戸
南淡
今治
西条
松山
石鎚山
阿波池田
小歩危
大歩危
祖谷渓
小松島
徳島
神山
剣山
阿南
佐田岬
八幡浜
伊予大洲
高知
伊野
須崎
高知港
龍河洞
牟岐
宍喰
安芸
宇和島
中村
宿毛
足摺岬
日本高速フェリー
さんふらわあ
室戸岬
太平洋
東京港へ

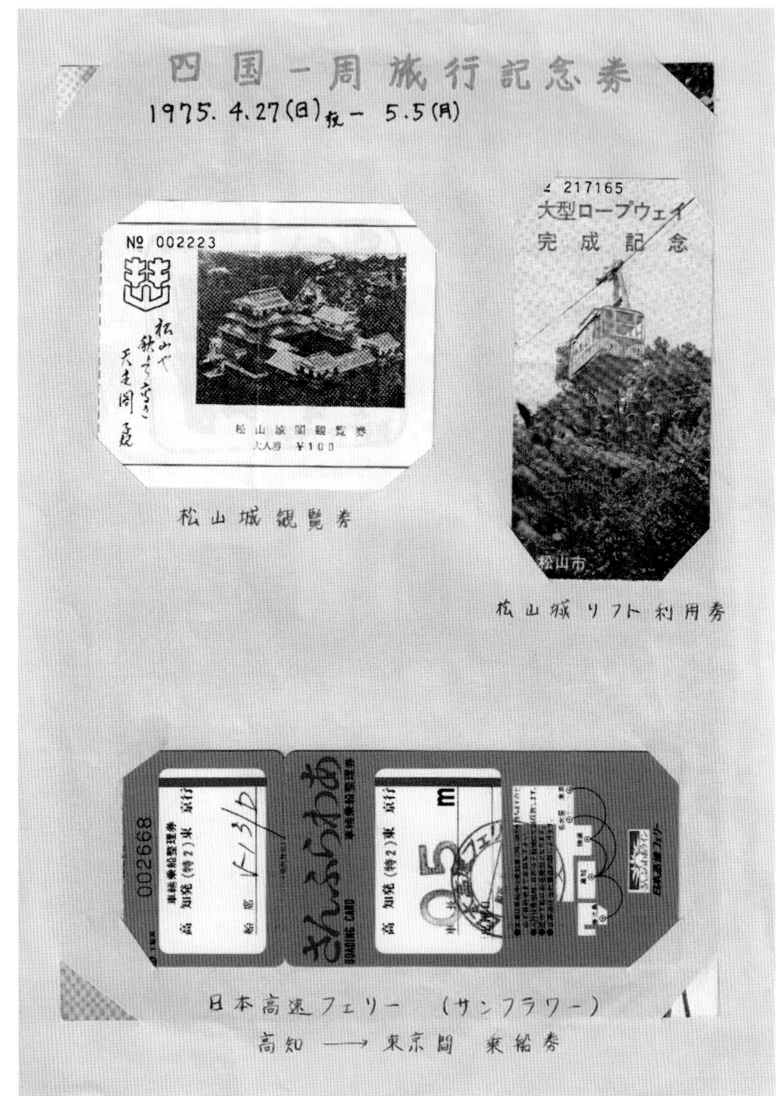
四国一周旅行記念券
1975. 4.27(日)夜 ～ 5.5(月)
№ 002223
松山城観覧券
大人券 ¥100
松山城観覧券
4 217165
大型ロープウェイ
完成記念
松山市
松山城リフト利用券
002668
さんふらわあ
BOARDING CARD
日本高速フェリー (サンフラワー)
高知 ──→ 東京間 乗船券

〔第四弾〕 能登・北陸・中部一周の旅 昭和51（1976）年４月28日～５月５日

「能登・北陸・中部一周の旅行記念券」

「能登・北陸・中部一周の旅　コース」

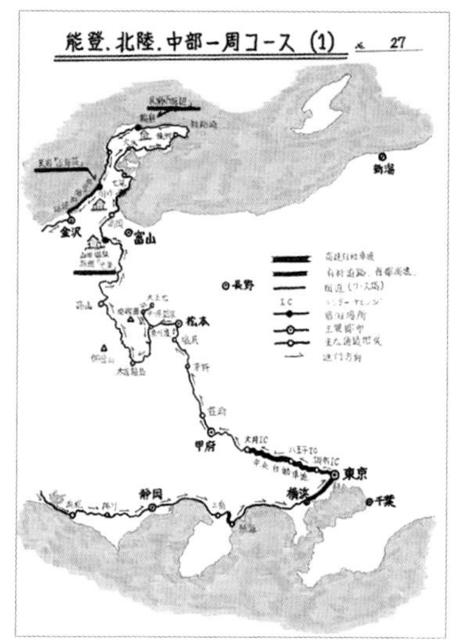

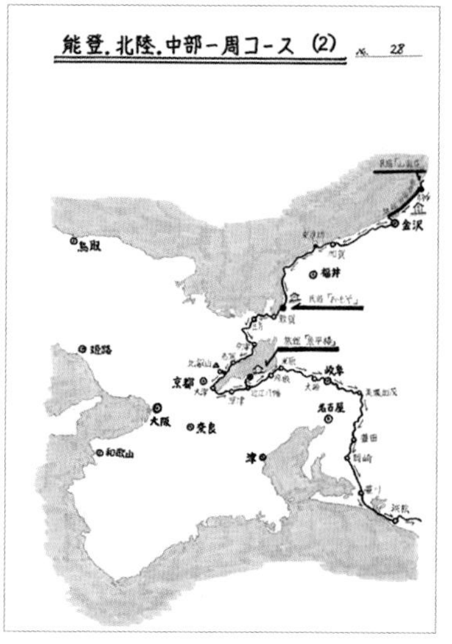

〔第五弾〕 九州一周の旅　昭和52(1977)年７月29日～８月８日

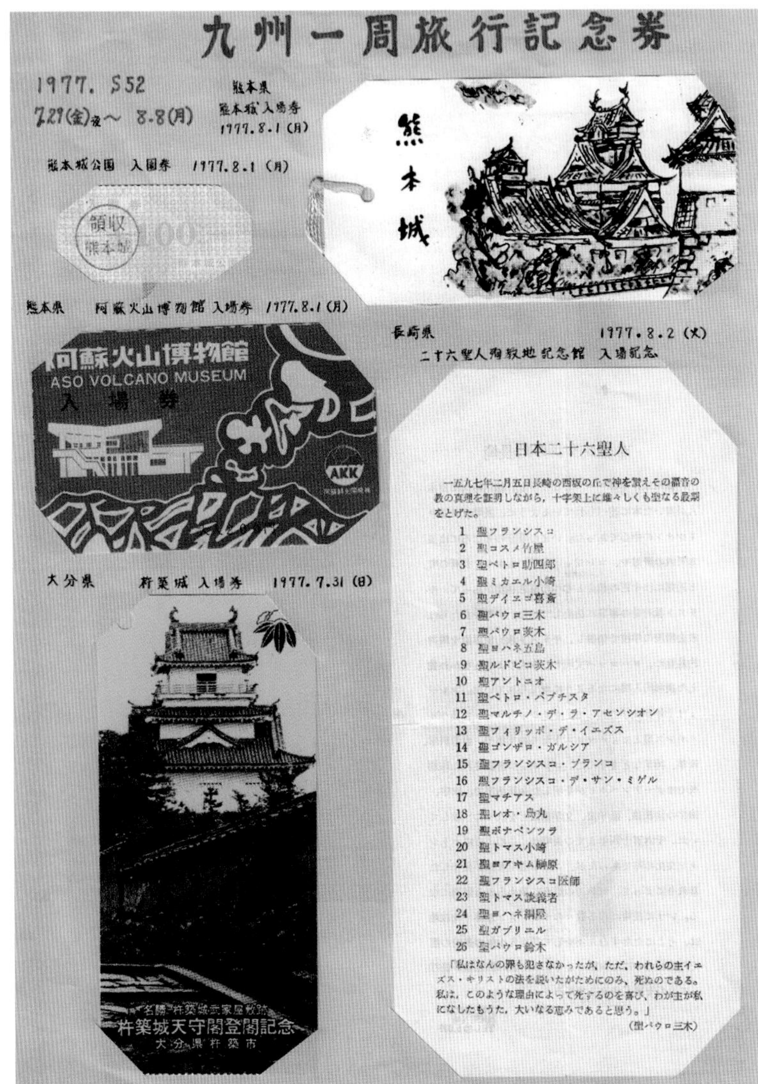

九州一周旅行記念券

1977. S52
7.29(金)夜～ 8.8(月)

熊本県
熊本城入場券
1977.8.1(月)

熊本城公園　入園券　1977.8.1(月)

熊本県　阿蘇火山博物館 入場券　1977.8.1(月)

長崎県　1977.8.2(火)
二十六聖人殉教地記念館　入場記念

大分県　杵築城 入場券　1977.7.31(日)

日本二十六聖人

一五九七年二月五日長崎の西坂の丘で神を讃えその福音の教の真理を証明しながら，十字架上に雄々しくも聖なる最期をとげた。

1 聖フランシスコ
2 聖コスメ竹屋
3 聖ペトロ助四郎
4 聖ミカエル小崎
5 聖ディエゴ喜斎
6 聖パウロ三木
7 聖パウロ茨木
8 聖ヨハネ五島
9 聖ルドビコ茨木
10 聖アントニオ
11 聖ペトロ・バプチスタ
12 聖マルチノ・デ・ラ・アセンシオン
13 聖フィリッポ・デ・イエズス
14 聖ゴンザロ・ガルシア
15 聖フランシスコ・ブランコ
16 聖フランシスコ・デ・サン・ミゲル
17 聖マチアス
18 聖レオ・烏丸
19 聖ボナベンツラ
20 聖トマス小崎
21 聖ヨアキム榊原
22 聖フランシスコ医師
23 聖トマス談義者
24 聖ヨハネ絹屋
25 聖ガブリエル
26 聖パウロ鈴木

「私はなんの罪も犯さなかったが，ただ，われらの主イエズス・キリストの法を説いたがためにのみ，死ぬのである。私は，このような理由によって死するのを喜び，わが主が私になしたもうた，大いなる恵みであると思う。」

（聖パウロ三木）

九州一周旅行記念券

水前寺成趣園
入園券
出水神社神苑

熊本県
水前寺公園　入場券
1977.8.1 (月)

S №　49014
グラバー園入場券
大人券
¥250
(有効期日当日限り)
長崎市グラバー園管理事務所
この券をもって領収書にかえます。

グラバー邸

長崎県
グラバー邸
入場券
1977.8.2 (火)

Unzen
(周遊指定地) Rope way
ドーンと撮ってみよう!!
サクラカラー

長崎県
雲仙岳ロープウェイ
乗車券
1977.8.2 (火)

長崎県
大浦天主堂
入場券
1977.8.2 (火)

〔第五弾〕九州一周の旅

「九州一周旅行記念券」③

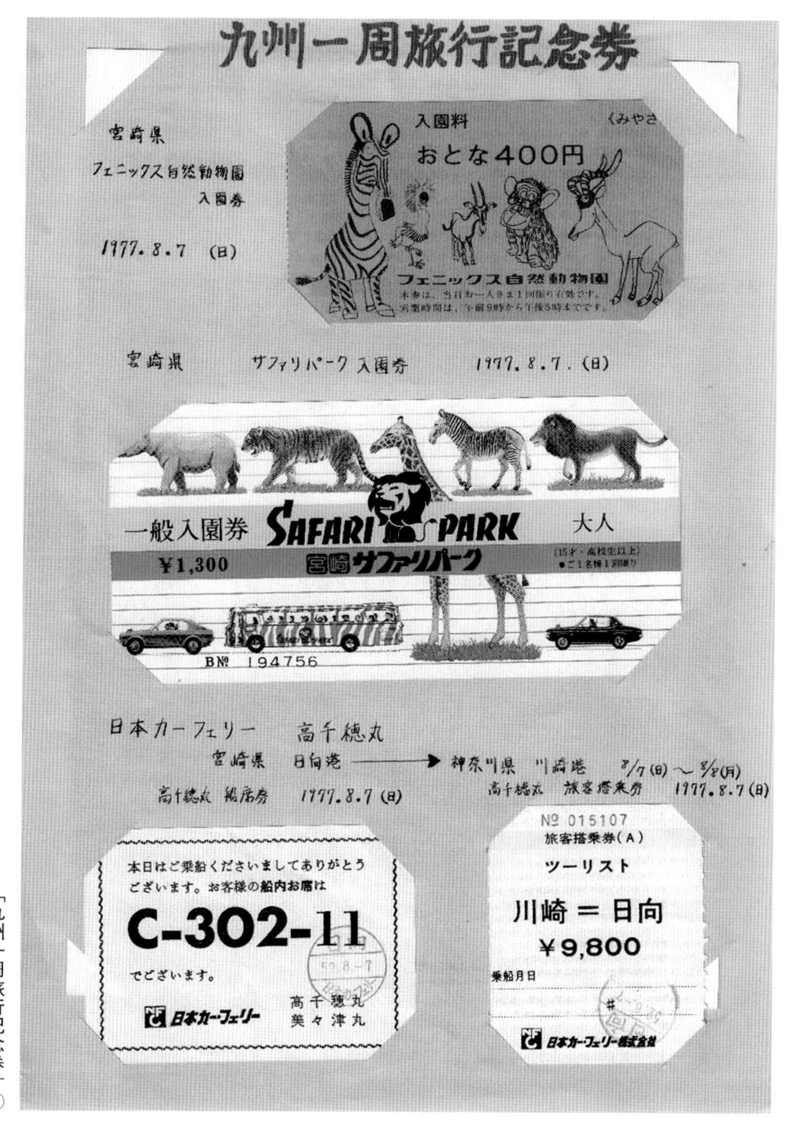
九州一周旅行記念券
宮崎県
フェニックス自然動物園
入園券
1977.8.7 (日)
入園料
おとな400円
フェニックス自然動物園
宮崎県
サファリパーク 入園券
1977.8.7.(日)
一般入園券
SAFARI PARK
大人
¥1,300
宮崎サファリパーク
(15才・高校生以上)
●ご1名様1回限り
BNo 194756
日本カーフェリー 高千穂丸
宮崎県 日向港 → 神奈川県 川崎港 8/7(日)〜8/8(月)
高千穂丸 船席券 1977.8.7(日)
高千穂丸 旅客搭乗券 1977.8.7(日)
本日はご乗船くださいましてありがとうございます。お客様の船内お席は
C-302-11
でございます。
日本カーフェリー
高千穂丸
美々津丸
No 015107
旅客搭乗券(A)
ツーリスト
川崎 ＝ 日向
¥9,800
乗船月日
日本カーフェリー株式会社

「九州一周旅行記念券」④

〔第六弾〕 北海道一周の旅　昭和54(1979)年７月28日～８月７日

「北海道一周の旅記念券」①

「北海道一周の旅記念券」②

層雲峡ロープウェイ乗車券
1977年8月5日(金)

1977年8月5日(金) 愛国駅記念切符

愛国駅の改築と幸福駅周遊記念

№ 07262

「北海道一周の旅記念券」③

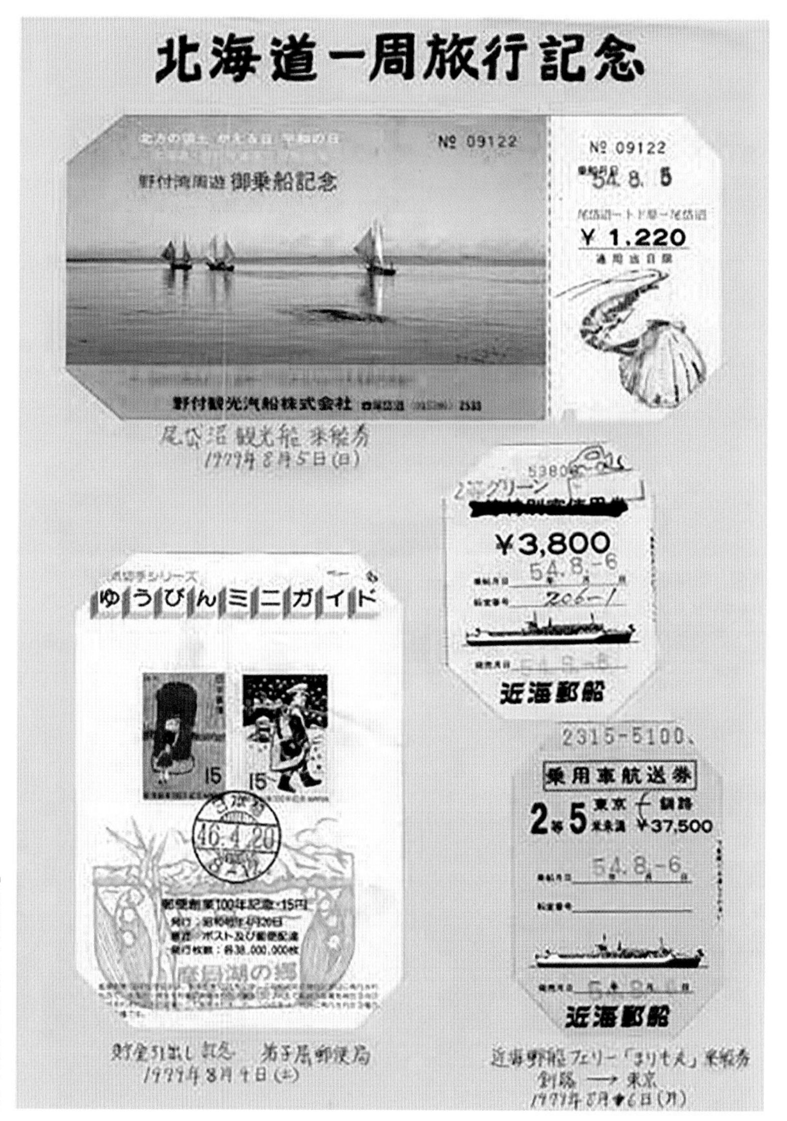
北海道一周旅行記念
№ 09122
野付湾周遊 御乗船記念
野付観光汽船株式会社
№ 09122
54. 8. 5
¥ 1,220
尾岱沼観光船 乗船券
1979年8月5日(日)
ゆうびんミニガイド
近海郵船
¥3,800
54.8.-6
2315-5100
乗用車航送券
2等 5
東京 釧路
¥37,500
54.8.-6
近海郵船
貯金引出し 記念 弟子屈郵便局
1979年8月4日(土)
近海郵船フェリー「まりもえ」乗船券
釧路 → 東京
1979年8月6日(月)

〔第六弾〕北海道一周の旅

札幌、北海道大学構内のポプラ並木で、
1979年8月1日。

稚内公園で、8月2日。

摩周湖展望台にて、８月４日。
左から：木村忠二、根本勝美、熊田健、川津茂夫、木村功、森盛一。

北海道の旅（絵でみるコース.1）
No. 80
7月28日（土）
23時50分出発
（22時00分集合）
7月29日（日）
東北自動車道
盛岡南インターチェンジ
岩槻インターチェンジ
百花苑
（東京都墨田区東向島3-15-21）
（岩手県岩手郡滝沢村字数ノ林）
滝沢
小森邸
岩手山
小森さんと別れ
野崎さんが加わる。
一戸付近
一戸
三戸
十和田湖畔休屋
十和田神社
十和田湖 子ノ口
7月30日（月）
9時40分出発
奥入瀬
川村旅館（017675）-2106
（青森県十和田湖畔休屋）
十和田湖 乙女の像
2人の美人女性と出会う。
焼山
青森
青森港 14時48分 出航
東日本フェリー
函館
3時間50分
すいれん沼
八甲田
青森港
フェリー・ターミナル
レストラン「あすなろ」で昼食

「北海道の旅（絵でみるコース１）」

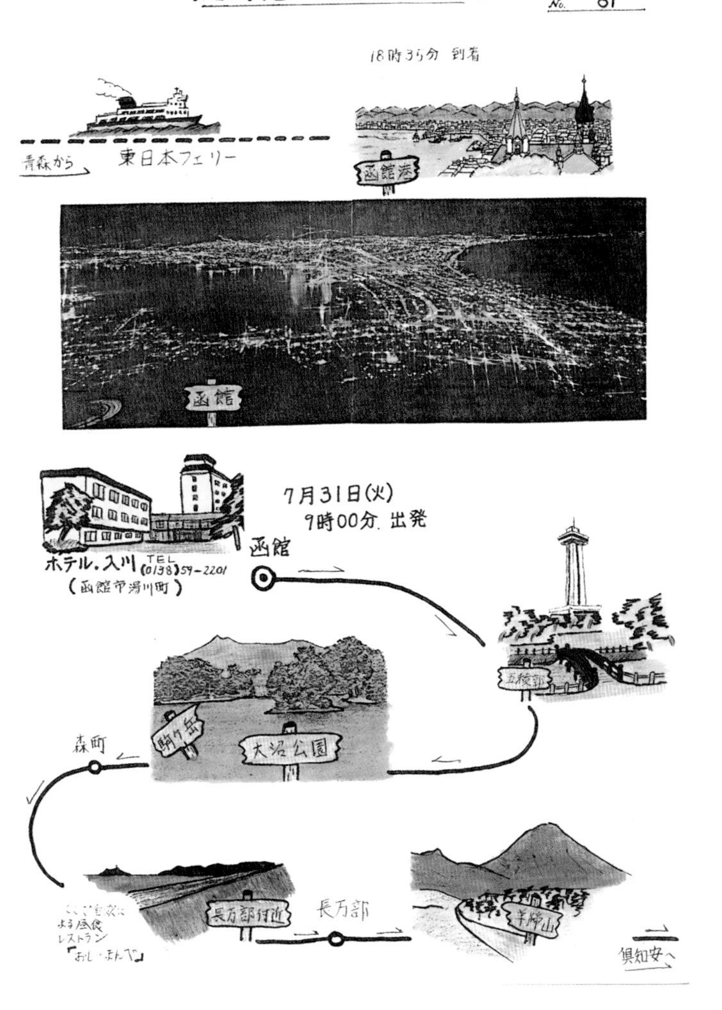

「北海道の旅（絵でみるコース2）」

「北海道の旅（絵でみるコース３）」

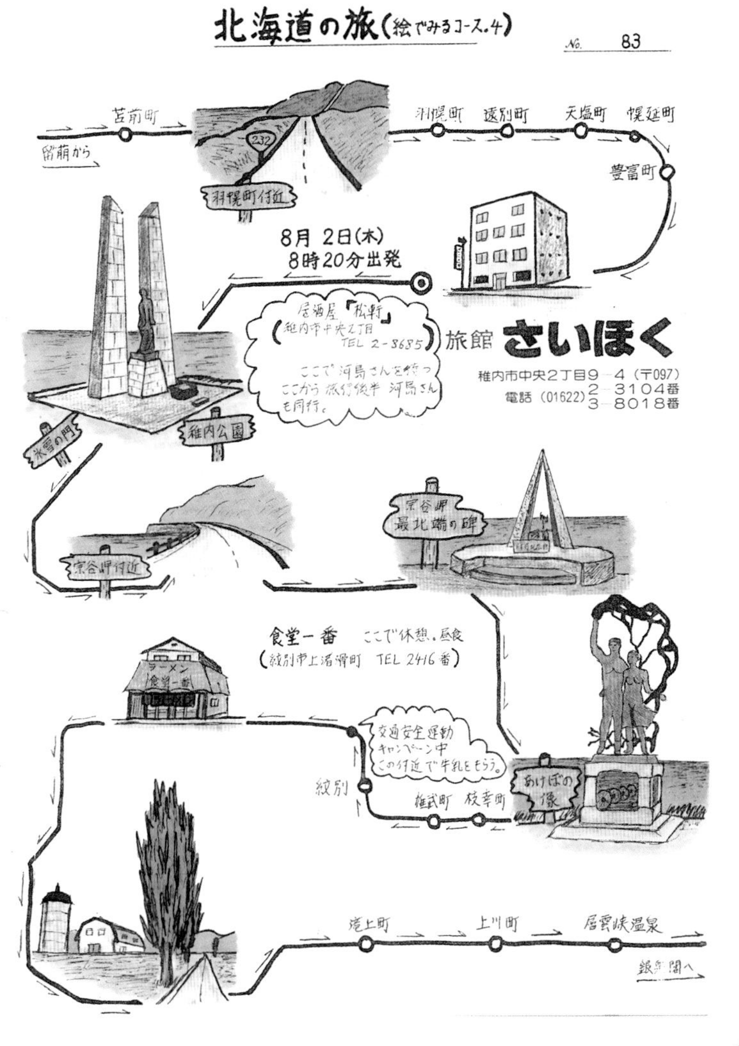
北海道の旅(絵でみるコース.4)
No. 83
苫前町
留萌から
羽幌町付近
羽幌町
遠別町
天塩町
幌延町
豊富町
8月 2日(木)
8時20分出発
居酒屋「松軒」
(稚内市中央2丁目
TEL 2-8685)
ここで河島さんを待つ
ここから旅行後半 河島さんも同行。
旅館 さいほく
稚内市中央2丁目9－4 (〒097)
電話 (01622) 2－3104番 3－8018番
氷雪の門
稚内公園
宗谷岬付近
宗谷岬
最北端の碑
食堂一番 ここで休憩。昼食
(紋別市上渚滑町 TEL 2416番)
ラーメン
食堂一番
交通安全運動
キャンペーン中
この付近で牛乳をもらう。
あけぼの像
紋別
雄武町
枝幸町
滝上町
上川町
層雲峡温泉

「北海道の旅（絵でみるコース４）」

北海道の旅(絵でみるコース.5)
No. 84
ここで水野夫妻、木村功さんを待つ
木村功さんはここから後半同行。
8月3日(金)
8時30分出発
上川町から
銀泉閣
国立公園層雲峡温泉 TEL.(016585) 3501・3001
大雪山
黒岳五合目
三国峠
大函
小函
層雲峡
流星の滝
糠平湖
宝龍ラーメン店で昼食
上士幌町
士幌町
音更町
帯広
愛国駅
水野夫妻とここで別かれる。
足寄町
本別町
池田町
帯広
民宿のお姉さん初美さんと話がはずむ
松山千春の家
阿寒町
8月4日(土)
8時30分出発
弟子屈町へ
阿寒湖
アイヌコタン
アイヌ民芸品
民芸民宿 みどり
北海道阿寒国立公園阿寒湖畔温泉(アイヌ部落)
TEL (015467) 2920

「北海道の旅(絵でみるコース5)」

北海道の旅（絵でみるコース.6）
No. 85
阿寒湖から
弟子屈町
川湯温泉
峠の頂上のドライブインにて昼食
摩周湖
硫黄山
美幌峠
屈斜路湖
砂湯
美幌町
女満別町
網走
天都山
網走
網走刑務所
斜里付近
斜里町
知床半島
夜、民宿の裏の海辺に出て、ささやかなウトロ大花火大会を行なう。
8月5日(日)
9時00分出発
斜里町へ
北海道斜里郡斜里町字ウトロ
民宿 石山

「北海道の旅（絵でみるコース6）」

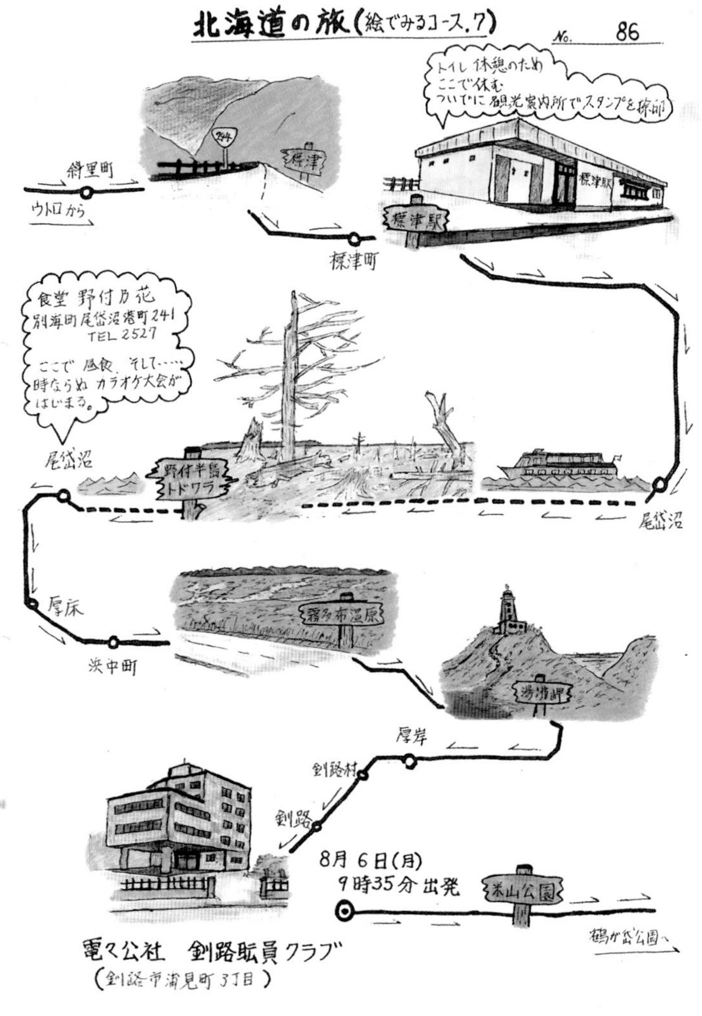
北海道の旅（絵でみるコース.7）
No. 86
トイレ 休憩のため
ここで休む
ついでに観光案内所でスタンプを捺印
斜里町
ウトロから
244
標津
標津駅
標津駅
標津町
食堂 野付乃花
別海町尾岱沼港町241
TEL 2527
ここで 昼食 そして……
時ならぬ カラオケ大会が
はじまる。
尾岱沼
野付半島
トドワラ
尾岱沼
厚床
浜中町
霧多布温原
湯沸岬
厚岸
釧路村
釧路
8月 6日(月)
9時35分 出発
米山公園
鶴ケ岱公園へ
電々公社 釧路駐員クラブ
（釧路市浦見町3丁目）

「北海道の旅（絵でみるコース7）」

北海道の旅（絵でみるコース.8）
No. 87
鶴が岱公園
幣舞橋
米山公園から
釧路
釧路郊外の鶴公園へ向かったがフェリーの乗船時間に間に合わないため引き返す。
釧路ステーションビル地下街、ここで北海道旅行の総まとめ、『おみやげ』を買う。家族、友人、知人、恋人、その他、etc. などなどに！
十條ショッピングセンターでフェリー内での昼食の準備、買い物をする。
釧路港 13時30分 出航
釧路駅
7月30日（月）十和田湖 奥入瀬で会った女性 深田早苗さん 〒221 横浜市神奈川区三ツ沢上町25-9
8月3日（金）阿寒湖、民宿「みどり」のお姉さん 堀川初美さん 〒085-02 北海道阿寒郡阿寒町中央町
近海郵船フェリー まりも丸
8月7日（火）
河島さん、大野さんを送る。21時30分
百花寮 22時20分到着
隅田寮 22時15分到着
東京駅
東京港 フェリーターミナル 21時00分到着

「北海道の旅（絵でみるコース8）」

著者・絵

川津 茂夫 略歴

1953年　千葉県松戸市に生まれる。

1968年　松戸市立第三中学校を卒業し、日本電気精器株式会社（東京都墨田区）に入社。浅草工場に勤務。組合活動に参加。大学入学資格検定に合格。のち茨城県に転勤となる。

現在、茨城県に在住。

くるまで周遊記

日本各地 5年（1974～79年）にわたる
くるま旅 青春の会

発 行 日　2021年 5月　5日

著者・絵　川津 茂夫 ©

編集 製作　美術の図書 三好企画
〒270-0034　千葉県松戸市新松戸1-162　大和田ハイツ　A-102
URL http://www.miyoshikikaku.com
ISBN 978-4-908287-37-4
定価はカバーに表示してあります。

印刷製本　株式会社 弘文社